絵解き

融通念仏縁起

阿波谷 俊宏

奈良新聞社

1　良忍上人の庶民勧進（江戸時代、徳融寺本）

2　毘沙門天の諸天諸神勧進（同上）

3　良忍上人像（江戸時代、徳融寺蔵）

4　来迎院本堂（室町時代再建）

6　音無しの滝

5　良忍上人御廟（史跡）

はじめに

融通念仏縁起《ゆうずうねんぶつえんぎ》は「だいねんぶつ」の名で知られた融通念仏宗の開祖良忍上人《りょうにんしょうにん》の行跡と、念仏の霊験をつづった上下二巻の絵巻物で、鎌倉時代後期の正和三年（一三一四）、この念仏を人びとに勧め、ともに往生を願う勧進《かんじん》活動の一助として作られたものであります。原本《げんぽん》は失われていますが、原本に近い富山聞名寺《もんみょうじ》本、アメリカへ渡った石山寺本、京都清涼寺本、大阪大念仏寺本など三十種に及ぶ書写本、模本、版本があり各地に伝わっています。うち数本が重要文化財の指定を受けています。

室町中期、京都嵯峨に良鎮《りょうちん》と名乗る不世出の勧進聖《かんじんひじり》（人びとを勧めて仏道にいざない功徳《くどく》を積ませる僧）が現れ、明徳二年（一三九一）、連歌師成阿《じょうあ》の協力を得て絵巻物を木版《もくはん》に起こし、摺刷《しゅうさつ》して諸国に頒布いたしました。全長三十メートルに及ぶ絵巻物の刊行はわが国初の試みで、芸術的にも遜色《そんしょく》がなく、絵巻物史上、ひいては印刷文化史上画期的作品として高く評価されています。

応永二十一年（一四一四）、同じ良鎮の勧進で天皇、将軍、公家《くげ》たちが寄合書《よりあいが》きした紙本着色の清涼寺本が完成し、版本は明徳、応永から江戸末期の天保年間まで、前後六回の刊行に及んでいます。

諸本それぞれに特長があり、埼玉県浄光寺、奈良県安楽寺には掛幅形式のものも伝えられておりますが、室町以後に作られた絵の構成やモチーフはすべて明徳版本を踏襲し、明徳版本はいわば融通念仏縁起の基本作となっています。以下同宗本山、大阪市の大念仏寺に伝わる明徳版本（重文）を対象として詞書を意訳し、各段の絵解きをいたします。詞書の本文は巻末に付載いたしました。

〈目次〉

下巻

絵巻の図版は明徳版本「融通念仏縁起」を基本とし、元禄版本「融通大念佛縁起」、元禄、宝暦、安永版本「両祖師絵史伝」の図版も参考絵として一部収録した。出典を明示していない図版は全て明徳版本「融通念仏縁起」。

上巻

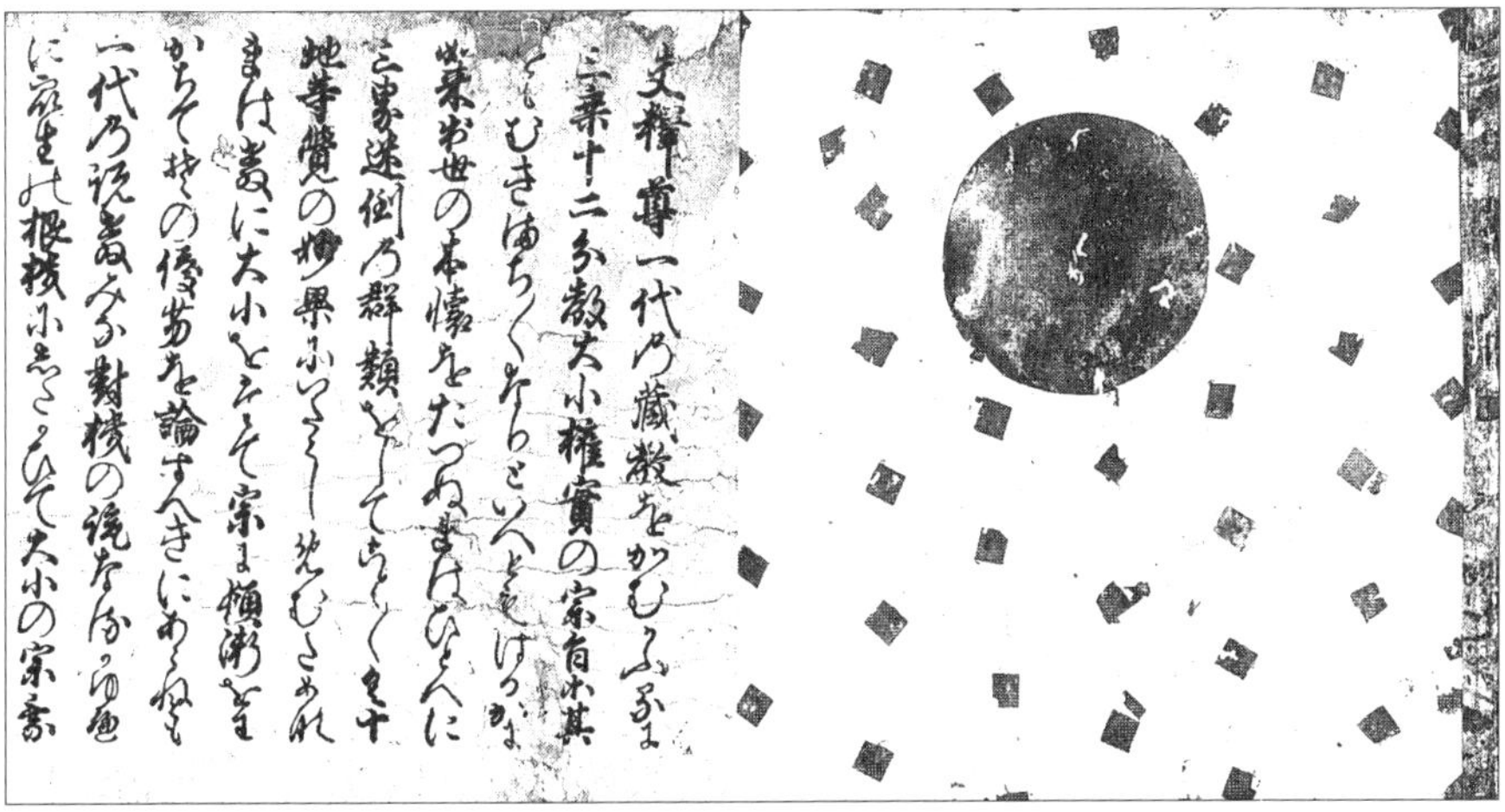

明徳版本「融通念仏縁起」巻頭詞書

称名念仏

詞書

釈迦一代の説法は三乗十二分教、大乗小乗その他さまざまな教えに分かれる。釈迦如来がこの世に出現された本懐は、あらゆる衆生《しゅじょう》（人びと。生きとし生けるもの）を悟りの世界へ導くためである。教えに良しあしはないけれど、あらゆる衆生を悟入させるためには、教えに高低がなければならない。釈迦は「対機説法」といって、相手の性格や立場、能力に応じてさまざまな教えを説かれた。ひとつの教えがすべての衆生に通じるというものではない。仏教には八万四千の法門ありとされているけれど、ひとつだけ例外がある。阿弥陀仏の名を口で唱える称名念仏の教えだ。念仏行《ぎょう》のみは性格や能力のいかんを問わず、誰にも適応し、しかも速やかに往生が叶《かな》う妙法である。たとえ悩みや惑《わずら》いが深くとも、念仏さえ唱えれば阿弥陀仏の本願によって救われる。このことはあらゆる経典にも立証され、誰しも疑うことのできない事実である。だからして念仏信仰は中国といわず日本といわず、世界中に広まっていったのであって、他の教えの及ぶところではない。

平安末期、洛北（京都北方）大原に良忍《りょうにん》と申す方がおられた。

自坊で稚児の個人指導にあたる良忍

もと比叡山の僧で、仏教の奥儀をきわめ他に並びなき高徳の人であった。道心堅固で多くの子弟に慕われていたが、かねてから山上の俗化を嘆き、隠棲《いんせい》して修行をやり直したいと志し、叡山南嶺の無動寺へ千日参りを断行した。念願叶って二十三才で法友や多くの門弟と袂《たもと》を分かち、小野山の麓、大原別所へ隠遁《いんとん》した。そして四十六才まで現世を厭い、ひたすら悟りの世界を目指して厳しい修行に明け暮れた。

学僧良忍

絵解き

まず懸崖《けんがい》づくりの僧房が現れます。良忍上人《りょうにんしょうにん》（以下敬称、敬語を略す）の自坊、たぶん叡山東塔の実報房《じっぽうぼう》でありましょう。良忍は机の上に経文を広げ、二人の稚児《ちご》に経文の素読をさせています。簀《す》の子縁に一僧が控えています。稚児の師僧あるいは後見《こうけん》でしょうか。

　良忍は延久四年（一〇七二）、現在の愛知県東海市に生まれました。十二才の春比叡山に登り、東塔の良賀僧都《そうず》について出家得度。常行堂《じょうぎょうどう》の堂僧となって念仏行に励むかたわら、良賀に天台教学、仁和寺の永意に密教、三井寺の禅仁に戒法を授かり、南都に留学して古来の仏教を修学いたしました。そして難関とされる広学竪義《こうがくりゅうぎ》（資格試験）を主席で通過、弱冠二十一才で学頭職、のち講主の座に着いたと伝えられています（両祖師絵史伝、三祖略伝）。良忍終世の自坊となった大原来迎院《らいごういん》の経蔵には、青年期から壮年期にかけての書写本や研究書が十数点残されています。

寛治四年（一〇九〇）の書写本を見ますと生年十八才の識語があり、綿密な書き込みや線引きにすさまじい勉学の跡を偲ぶことができます。歌人で名高い藤原定家公がこの書写本を閲覧して、「名月記」にその感慨を留めていることはあまり知られていません。

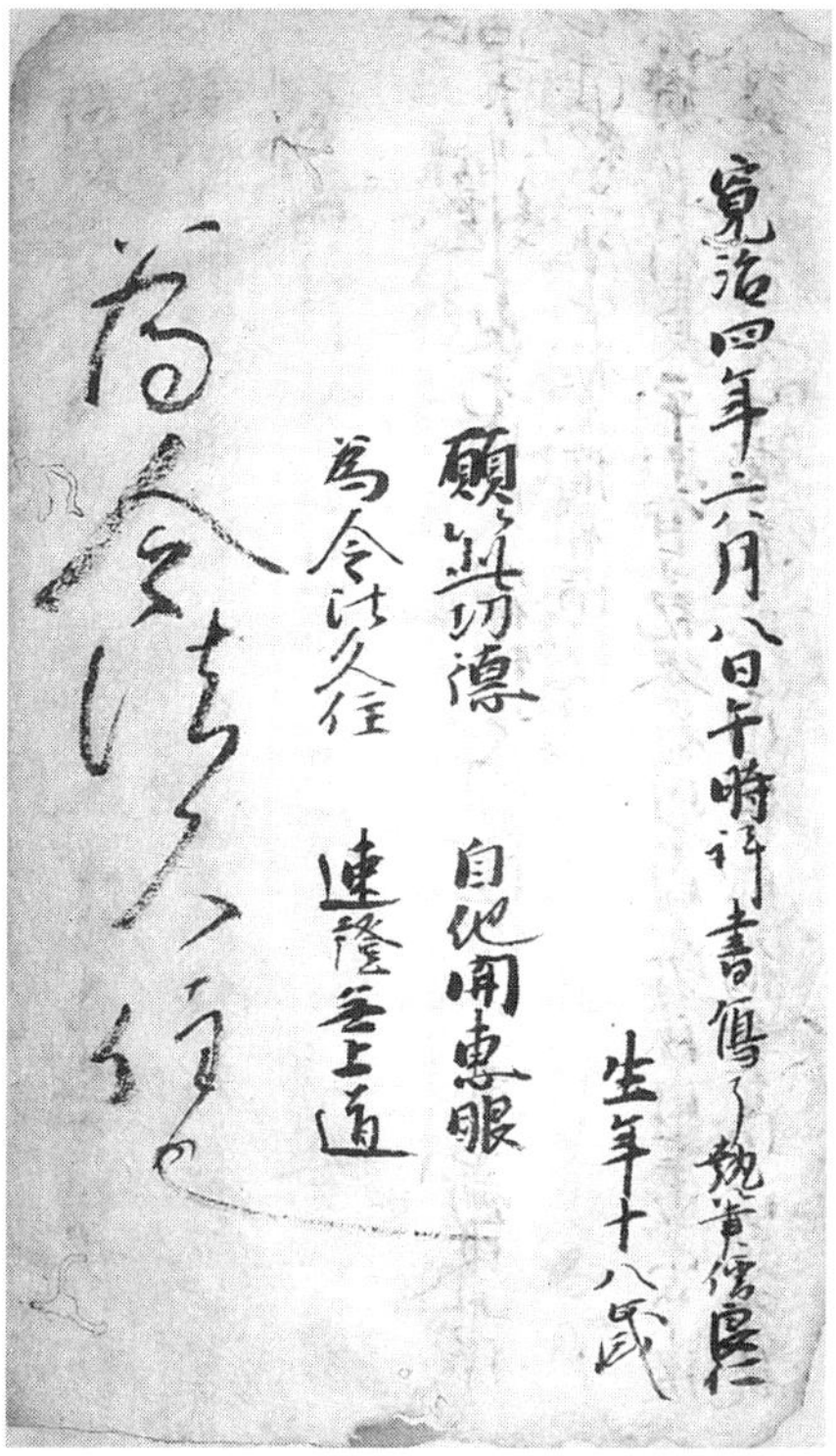

良忍上人 18 才の識語

稚児

稚児《ちご》とはこの場合、得度前の少年を指します。比叡山では出家入門したからといって、ただちに剃髪《ていはつ》が許されるわけではありません。平均十四、五才まで稚児生活すなわち見習い期間をもたされ、剃髪後初めて僧としての資格を得るのです。

当時摂関家《せっかんけ》はじめ有力者の間では、家督問題や社会的事情から、二男坊三男坊あるいは庶子（脇ばら）たちを出家させるケースが少なくありませんでした。彼等は親もとから仕送りを受け、財物や領地を寺へ寄進して大いばりで入門いたしました。寺側にこれを拒否する理由はありません。むしろ彼らを歓迎し、実力のないまま学侶《がくりょ》への道を歩ませた。十五才で僧正《そうじょう》となった藤原道隆の子、道円の例を挙げるまでもなく、権門稚児に対する優遇は当然の習わしでありました。

領地は荘園として寺側の管理下に置かれ、屈強な行人方《ぎょうにんがた》の僧が武装してこの荘園を守りました。これが僧兵の起こりです。僧兵はしばしば門閥を笠にきて乱暴を働き、朝廷や大寺《たいじ》に強訴して言い分を通しました。白河法皇が、ままならぬものとして加茂川の流れ、賽の目、山法師を挙げられた話はよく知られています。稚児の中には男色にふける者も現れ、山は俗界さながらの権力闘争と淫靡《いんび》な空気に包まれておりました。

講主すなわち管理職についた良忍に一般的な授業はありません。ただ権門稚児の個人指導が待っていました。この絵は師僧に付き添われてやってきた権門稚児の個人指導を描いたものであります。書棚を背に机に向かっているのが良忍。立膝をして頬づえをついています。堕落した山上の雰囲気に愛想をつかし、権門にちやほやする宗門体制へのレジスタンスと感じられないでしょうか。

千日参り

絵解き

比叡山南嶺の無動寺へ千日参りをする良忍です（絵12ページ）。袈裟頭巾《けさずきん》で頭を包み、大木の生い茂った細い山道を、一人の稚児を従え無動寺を目指して歩いています。二人の息づかいが伝わってくるようです。石段を登ると間もなく正面に無動寺の本堂が見えてきました。

山上の俗化を嘆き、栄達主義を嫌った修行者は良忍ひとりではありませんでした。まじめな修行者は山を去り、浄地に逃れて仏道修行に専念したのです。この浄地を「別所」といい、比叡山周辺には大原、八瀬、修学院などいくつかの別所がありました。特に大原別所は天台声明《てんだいしょうみょう》の根本道場として広く世に知られておりました。声明とは仏徳をたたえ、経文に美しい節《ふし》をつけて詠唱するいわば仏教音楽です。平安時代の初め慈覚大師円仁《えんにん》が中国へ渡り、魚山《ぎょざん》声明をこの地に伝えられた。以来大原は天台声明のメッカとして多くの修行者で賑わいました。

良忍は出家し、たまたま学道に精進してまいりましたが、生まれつき美声に恵まれ、声明には自信があったので、隠遁《いんとん》が許されるなら憧《あこが》れの地大原に籠り声明業を究めたい、というのが長年の夢でありました。しかしながら講主すなわち比叡山大学の学長にも相当する立場上、いかに隠遁の志深くとも、おいそれと勝手な行動に出ることは許されません。この上は仏天《ぶってん》の力にすがるほかはないと、当時霊験あらたかで聞こえていた無動寺の不動尊へ、一日も早く隠遁の素志が叶えられるよう、千日参りを行ったのであります。「三外往生伝《さんげおうじょうでん》」を見ますと「麁履《ソリ》ノ類ヲ着ケズ」とあります。いわゆる裸足《はだし》参りと解してよいでありましょう。実報房から無動寺までおよそ二キロの道のりがあります。険粗な坂道を一日も欠かさず裸足で通《かよ》った良忍の願念がいかに強固なものであったか、決意のほどが偲ばれます。無動寺といえば現在も比叡山千日廻峰行《かいほうぎょう》の基点となっている霊場です。まさか良忍が廻峰行に挑《いど》んだとは考えられませんが、無動寺への千日参りと聞けば、なにか暗示的なものが伝わってまいります。

無動寺への千日参り

大原別所に隠遁、来迎院を建立した

獅子飛びの岩

絵解き

切妻づくり柿《こけら》ぶきの建物は来迎院の本堂です（口絵4）。念願叶った良忍は、学生や法友と別れを告げ、憧れの地大原別所に隠遁《いんとん》して、いよいよ声明の道を究めることとなりました。明け放たれた本堂で、本尊と差し向かいになり勤行《ごんぎょう》している僧は言うまでもなく良忍です。おそらく声明を唱えているところでありましょう。

裏山から筧《かけひ》が渡され、水漕には清らかな水がなみなみと溢れています。境内では下仕《したづか》えの僧が肌ぬぎをして、斧《おの》を振り上げ薪《たきぎ》を作っています。割り木の音が静かな山あいにこだまし、小鳥のさえずりも聞こえてきそうです。絵巻物には「異時同図法」といって、同じ画面の中に時を変え同一人物を何カ所か登場させる画法があります。下仕えの僧は異時同図法による良忍自身の姿とみることもできましょう。

伝説によりますと、大原は岩石峨峨《がが》として鳥も通わぬ秘境でありました（参考絵14ページ）。良忍は叡山を下り転《こ》けつまろびつ、やっとの思いで大原までたどり着いたものの、さてどうしたものかと辺《あた》りを眺めていました。すると眼前にそびえる岩の形が何となく獰猛な獅子《しし》の姿に見えてきたのです。獅子といえば文殊《もんじゅ》菩薩の台座です。良忍はフト仁和寺で習練した「八字文殊法」を思い出し、両手に印を結んで一心に文殊の真言《しんごん》を唱えました。するとどうでしょう。岩石が大音響を発して爆裂し、その破片がたけだけしい獅子の姿と変じて良忍に噛《か》みついてまいりました。良

八字文殊法をこらす良忍。岩石が獅子となって飛び散った。元禄版本「融通大念仏縁起」より

忍は手印《しゅいん》をかざし、懸命に獅子の怒りをなだめながら、さらに渾身の力を振り絞《しぼ》って文殊の加護を祈りました。獅子はたてがみを風になびかせ三日三晩山中を吼《ほ》え廻って、どこかへ逃げ去ったと伝えられています。やがて大原は穏やかな平地となり、山や木立に小鳥の声が戻ってまいりました。良忍は四方を結界し、慈覚大師が開かれた声明道場としての来迎院《らいごういん》を建立《こんりゅう》いたしました。

三千院の脇道を登り、来迎院の山門をくぐりますと、右手の小高い丘の上に岩肌の露出している一角があります。これが伝説の痕跡で「獅子飛びの岩」と呼ばれ、大原名所となっています。その場所に立って本堂を俯瞰《ふかん》したのが13ページの絵です。以下この場所から見降ろした来迎院の全景が再さい登場いたします。

修行の種々相　その一

良忍は来迎院《らいごういん》を自坊とし、声聖《こえひじり》と慕われていた永縁、家寛らを次つぎと訪ね、魚山声明の研讃に努めました。「後拾《ごしゅう》遺《い》往生伝」「三外《げ》往生記」などを見ますと、大原隠棲後における良忍の修行には、声明のほか如法経《にょほうきょう》勧進《かんじん》や「手足指ヲ切燃シテ九年、仏経ニ供養シ云々」など苦行の種々相が伝えられています。

如法経勧進とは「法華経《ほけきょう》」を戦禍や災害から守り、その教えと信仰を末世の衆生に伝えるため、勧進聖が願主を募《つの》り、一定の作法に従って経文を書写し、願主に代わってその経文を経塚に埋めるもの。昭和三十四年、和歌山県粉河の産土《うぶすな》神社経塚（粉河経塚）から陰陽師《おんみょうじ》の清原信俊《さねとし》を願主とし、良忍ほか数名の僧が寄合《よりあ》

如法経加持。脇机の上に良忍勧進の如法経がうず高く積まれている。宝暦版本「両祖師絵史伝」より

い書きした法華経一部八巻が発見されました。経文と、青さびのついた金銅製経塔は、筒型をした外陶に収まり、奈良国立博物館に保管されております。

経塚は藤原道長が埋経した金峯山《きんぷせん》経塚、鞍馬《くらま》寺経塚、奈良原山経塚（愛媛県）など全国各地に造営され、現在確認されているものだけでも千カ所は下らないといわれています。金峯山や鞍馬寺経塚には経文のほか鏡、刀子《とうす》など魔除けの品や、筆写に使われた筆硯なども納まり、埋経は江戸時代初め頃まで連綿と続けられていたということであります。清原信俊の粉河経塚は、たまたま彼の意向によってこの地が選ばれたもの。京都を中心とする洛中勧進では花背《はなせ》経塚か、仏法守護を誓われた毘沙門天のお膝もと鞍馬寺経塚が多く利用されていたようです。良忍も慣例に従って勧進した如法経を本堂で加持し、経筒《きょうづつ》に入れて再さい鞍馬寺経塚を訪れていました。この埋経が間もなく展開される良忍の融通念仏勧進に、思いがけぬ僥倖《ぎょうこう》をもたらすこととなります。しかしこの時点では他はもちろん、良忍自身もつゆ知らぬことでありました。

修行の種々相　その二

手足の指を切燃して仏経に供養す、とは「法華経薬王菩薩本事品」に記された焚身行《ふんしんぎょう》（焼身供養）にあやかったもので、経文には「ソレ発心シテ菩提ヲ得ント欲スルコトアラン者ハ、ヨク手指及至足指ヲ燃シ、仏経ニ供養スベシ。三千大千世界ノ山林、河地、モロモロノ珍宝ヲモチテ供養センニモ勝ル云々」とあります。小刀で手足を傷つけ、したたる鮮血を油杯に受けて、じりじりと燃える灯台の下で苦痛に耐えながら読経する良忍――。九年間この行を続けていたというのです。穏和な良忍のイメージから想像しがたい凄まじい苦行者としての一面が浮かんでまいります。古来、苦行者の周辺には多くの帰依者《きえしゃ》（信者）が集まるもので、無動寺への千日裸足《はだし》参りや、切燃供養《せつねんくよう》が知れ渡った彼のもとには相当数の信者が寄り合っていたものと思われます。如法経勧進も一部の資産家や特権階級にとどまらず、苦行者を慕う名もなき庶民の、一紙半銭の協力に負うところが少なくなかったに違いありません。

　大原隠棲中における良忍の修行には、ほかにも白毫観《びゃくごうかん》といって、仏像の眉間《みけん》に付いた丸い水晶（実は仏の旋毛）をじっと見つめ、業障《ごっしょう》を懺悔《さんげ》して余念がなかったとか、夜中灯明の明かりを消して、暗闇の中で阿弥陀仏や浄土のありさまを観想し、厠《かわや》に立った弟子を驚かせたとか、常人の及ばぬ修行の数かずが伝えられております。が、何といっても修行の本命は声明の修練にあったことは申すまでもありません。

音譜から明るい光が差した。安永版本「両祖師絵史伝」より

良忍と声明

「入唐求法巡礼記《にっとうぐほうじゅんれいき》」で名高い慈覚大師円仁は、中国魚山《ぎょざん》で声明を学び、帰国後その声明を大原に伝えました。大師は誤伝と資料の散逸を恐れ、多くの曲目のうち独行懺法《どくぎょうせんぽう》、長音九条錫杖《じょうおんくじょうしゃくじょう》など五個の大曲を五人の高弟に別べつに相伝されました。ところが後世この配慮が裏目に出て天台声明が分派し、混乱を来すこととなったのです。大師を慕ってやまなかった良忍は、魚山声明本来の姿を取り戻すため、一念発起して従来の博士《はかせ》（音譜）を改良し、諸派を考証して天台声明の統一を図りました。良忍が改良した音譜を「目安博士《めやすはかせ》」といいます。目安博士はその正確さから高い評価を受け、今日も諸宗の声明、梵唄《ぼんばい》に大きな影響を及ぼしています。来迎院の門前に「呂川」、本堂背後に「律川」が流れています。呂律《ろりつ》はともに声明の音階で、酔っぱらいの「ろれつがまわらぬ」という喋《しゃべ》りつきはここから出たもの。「よいあんばいにいったか」と尋ねる塩梅《あんばい》も声明の旋律用語だそうです。

　呂川のせせらぎを四百メートルほどさかのぼった小野山の麓

勝手明神の渡御。良忍の声明で神輿が持ち上がる。安永版本「両祖師絵史伝」より

に、大岩を這《は》うような一条の滝が落ちています（口絵6）。良忍はしばしば弟子を連れてこの滝を訪れ、瀑音に向かって喉《のど》を鍛えておりました。ある日いつものように飛瀑に向かって声明を唱えていると、しぶきを上げて落ちていた水流がしばし瀑音を止め、良忍の美声に聴き惚《ほ》れたというのです。この噂はたちまち麓の村里に広がり、この滝を誰言うとなく「音無しの滝」と呼ぶようになりました。「枕草子」に滝は音無しの滝。「源氏物語」夕霧の巻には小野の山荘に隠居した落葉宮が

朝夕に泣く音《ね》を立つる小野山は
　絶えぬ涙や音無しの滝

と詠んでいます。また「両祖師絵史伝」には、良忍が滝の前で音譜を広げ、暗くなるのも忘れて声明を唱えていると、音譜から明るい光が差し、夜ふけまで練習を重ねることができたと述べています。

　大和国多武峰《とうのみね》に高弟のひとり頼澄が住んでいました。ある年の春、彼の招きで吉野山を訪ね、七曲りから下千本辺りまでやってきた時のこと。折しも勝手《かって》明神《みょうじん》の祭礼と見えて、満開の桜の下で賑やかな渡御《とぎょ》（お渡り）の一行《いっこう》に出会いました。良忍は目の前にやってきた神輿《みこし》に向かって合掌し、豪華な飾りものに見とれていました。するとどうしたことでしょう。大勢で担《かつ》がれてきた神輿が良忍の前でピタリと止まり、重みが加わって梃子《てこ》でも動かなくなった。巫女《みこ》の言うには、明神が良忍の声明を聴いて五衰《ごすい》（神々に現れる五種の衰亡相《すいもうそう》）の憂いを晴らしたいとのこと。良忍は突然の申し出に驚き、断わるに断わり切れず呼吸《いき》を整え、一

曲の懺法《せんぼう》を唱えました。荘重なメロディーは春風に乗って辺《あた》りにただよい、人びとはしばし騒ぎを忘れて聴き入りました。やがて一曲が終わり良忍が念珠《ねんじゅ》をすって一礼すると、神輿はにわかに鳴《めい》動《どう》し、かき手が長柄に肩を入れるやいなや軽がると持ち上がったということです。後年この奇瑞がもととなって、勝手明神の祭礼には、良忍が開基した摂津国大念仏寺から役僧を招き、渡御出発のさい長柄に手を掛けてもらうことが習わしとなりました。ある年吉野川が氾濫し使僧が来られなくなった。世話役は困り果てて神慮をうかがうと、蔵王堂《ざおうどう》の役仕をしている平太郎を呼べとのことです。

寛政十年（一七九八）刊「摂津名所図会」によりますと、その頃大念仏寺では毎年正月に良忍の奇瑞を偲んで「吉野会《よしのえ》」を勤め、法要後お下《さ》がりの鏡餅に末広扇、苧麻《からむし》二束を添えて蔵王堂の役仕に持ち帰らせたと述べています。役仕は鏡餅を細かく砕いて金峰山寺の境内諸院に配って歩きました（歳時記に「吉野の餅くばり」とあり）。一説には蔵王堂で春に催される「花供会《はなくえ》」の餅つきに、そのひと切れを入れなければうまく蒸し上がらなかったと伝えられております。この餅配りを勤めていた役仕が平太郎だったのです。そんなわけから以後、勝手明神の祭礼には大念仏寺の使僧を頼まず、平太郎が渡御出立のさい長柄に手を掛け、一行を差配したということであります。

さて神輿の一件から勝手明神は芸能上達の守護神と仰がれ、声明の聖地大原にも勧請《かんじょう》（遷座）されました。

現在大阪市を中心とする「なにわ七幸」の巡礼コースに大念仏寺が加わっています。そのご利益が「諸芸上達」です。念仏の功徳を説く大念仏寺に諸芸上達とは何か。一見不似合いなご利益ともとれますが、右の因縁を知れば納得がいくというものでありましょう。

天台声明は謡曲、浄瑠璃、民謡、歌謡曲に至るまで、わが国伝統音楽に多大の影響を及ぼしました。謡曲、浄瑠璃の音階は基本的には声明のそれと変わらず、歌謡曲にしても声の出し方、震《ふる》わせ方など声明を抜きにしては考えられないといわれています。

鎌倉時代、東大寺の凝然《ぎょうねん》大徳は「声明源流記」を著し、天台声明を集大成した良忍を「中興祖《ちゅうこうのそ》」とたたえました。天台声明の幅広い影響力を考えますと、良忍はひとり声明界にとどまらず、邦楽、ひいては伝統音楽の祖として仰ぐべき功労者ではなかろうかと思うのであります。

融通念仏の教え

詞書

永久五年（一一一七）五月十五日、良忍が四十六才を迎えた初夏の真昼どき、仏の方便であろうか。しばらくの間とろとろとまどろんだ。すると阿弥陀如来が夢に現れ、次のような言葉を述べられた。

「あなたの修行は誠に殊勝である。日本国広しといえどもあなたの右に出るものはない。しかしながらそれほど殊勝な行法を積まれても、開悟《かいご》はおろか順次（死後）の往生さえ難しい。なぜなら極楽浄土は絶対清浄、大乗善根の国である。小善根福徳の因縁

阿弥陀如来の夢告げ。融通念仏を授かる

では往生の手だてとはならないのだ。で上人よ。わたしは順次の往生を願うより現世で、誰にも往生が叶う「速疾往生《そくしつおうじょう》」の道を教えてあげようと思う。融通念仏というものだ。融通念仏とは、自分の唱える念仏が衆人の功徳（恵み、ご利益）となり、衆人の唱える念仏が自分の功徳となる。合唱することによって自他の功徳が相即《そうそく》し、互いに広大な利益を受ける。順次の往生も間違いがなく、一人往生すれば衆人も往生を遂げること疑いがない」

　阿弥陀如来の教えは大略このようなものであった。今詳しく述べるいとまがない。

絵解き

来迎院《らいごういん》の広縁でうたた寝をする良忍。上空には西方浄土からはるばるやって来た阿弥陀如来。眉間《みけん》の白毫《びゃくごう》からひと筋の光明が放たれ、良忍に差し掛けられています。うたた寝は決して昼寝ではない。阿弥陀仏が夢告げするため、計らいとして良忍をまどろませたのです。良忍は夢の中で阿弥陀仏から速疾往生の道、融通念仏の妙旨を授かります。

　阿弥陀仏は教えを説く前に、まず良忍の修行ぶりを小善根と決めつけられた。如法経《にょほうきょう》の勧進、焚身行《ふんしんぎょう》、白毫観、そして本命とする声明業など、良忍が心血を注いで打ち込んできた修行の数かずは、所詮小善根福徳の因縁にすぎないというのです。

　小善根とは何か、自力《じりき》の修行であります。煩悩の垢に覆われ、ともすれば見失いがちな自己心中の仏性《ぶっしょう》（仏になれる素質）を、誰にも頼らず、自力で磨き出そうとする真摯《しんし》な修行であります。難行を克服しひたすら仏道に打ち込む修行ぶりは神業《かみわざ》ともとれ、常人の及ぶところではありません。けれども仏の目から眺むれば人間の営む修行には限界があり、矛盾があり、所詮宿業《しゅくごう》を背負った人間がどれほど修行を重ねても、往生の行とはなり難いのです。阿弥陀仏が良忍の修行を小善根と決めつけられた要因はまさ

空から来迎図が降りてきた。元禄版本「融通大念仏縁起」より

にこの一点でありました。往生を果たすためには何としても自力の限界を自覚し、人生の浅ましさ果《は》かなさを痛感して他力《たりき》の救い、すなわち阿弥陀仏の本願力（大慈悲。宇宙の救済的意志と解してもよい）を頼むほか道はないのであります。

阿弥陀仏は煩悩にあえぐ衆生を哀れみ、いかなる行も、いかなる学問もいらない。ただ本願を信じ、幼な児が母親にすがる心地にて念仏を唱えれば、その一行《いちぎょう》で速疾往生が叶えられると説かれたのであります。

速疾往生とは何か。生まれ変わり、擬《ぎ》死《し》再生《さいせい》であります。いまわしい過去の自分が消滅し、健康で明るい心豊かな人生が開かれてゆく、この道を開く勝因となるものこそ融通念仏にほかならないというのです。

融通とは別べつのものが、別べつのままひとつに融《と》け合い通《かよ》い合って礙《さわ》りがないこと。「バラバラでいっしょ」と申しましょうか。一なくして一切が成り立たず、一切によって一が生かされているのです。一即一切、融通無礙《むげ》は万有の実相、宇宙の真理であります。阿弥陀仏はこの理にもとづいて念仏の功徳を説かれた。名帳に加入し、阿弥陀仏の本願にもたれて念仏を唱えれば、自分の唱える念仏が他一切の功徳となり、他一切の唱える念仏が自分ひとりの功徳となる。独唱にあらず、合唱することによって念々相即《そうそく》し、融通する力にもよおされて一遍の念仏にも無量無遍の功徳がこもる。まさに「億百万遍、功徳円満」であります。

念仏を乗物に喩《たと》えてみましょう。融通念仏は乗り合いバスであります。タクシーで行けば千円かかるところ、バスなら百円です

十一尊天得如来画像（寛永17年、徳融寺蔵）

御回在の一行。お伴さんが本尊を担いでいる

みます。みんなと係《かか》わりあって利用するから安く行けるのです。

そもそも大乗仏教は「自利利他《じりりた》」といって、自分ひとりの幸せを願うのではなく、われ人ともに救われる共存共栄の道を説きます。一人往生すれば衆人生ず、とはまさに自利利他、共存共栄の精神に違いなく、阿弥陀仏が大乗善根の国といわれた極楽浄土への捷径《しょうけい》というにほかなりません。

江戸時代、宗門を再興された大通上人は、阿弥陀仏の教えを

一人一切人　一切人一人　一行一切行　一切行一行　是名他力往生　十界一念　融通念仏　億百万遍　功徳円満

と詩偈のかたちでまとめられた。そして大著「信解章」の中で、夢から覚めた良忍のもとへ、空から一枚の白絹が舞い降りてきた。見るといましがた教えを説かれた阿弥陀如来と、如来を取り巻く十体の菩薩が雲に乗って降りてくる一仏十菩薩の来迎相が描かれていたと伝えています。大通上人はこの図相を「十界一念」すなわち自他（一仏と十菩薩）融通の表象と受け止め、天から授かったので「天得如来《てんとくにょらい》」と称し、本山大念仏寺に安置して一宗本尊と仰ぎました。余談になりますが——。

毎年春秋二季、大念仏寺ではこの本尊を木箱に収め、十一尊にちなんだ十一名の僧俗が、本尊を供奉《ぐぶ》して河内、大和（大阪、奈良）の末寺檀家を廻ります。正式には「御回在《ごかいざい》」。鉦《かね》を打って廻るので「チャンチャンさん」「にょらいさん」。農耕生活との関連から「麦まき坊ンさん」「そら豆坊ンさん」「寒い寒いお上人」など、歳時記的感覚で受け止める地方もあって、多くの人びとに親しまれています。末寺檀家では先祖回向《えこう》と「お頂戴《ちょうだい》」はじめ種々

の祈祷を行います。お頂戴とは、役僧が参詣者一人ひとりの背中に本尊の木箱を当てがい、「身体堅固《けんご》なむあみだァ」と加持して廻るもの。カマドや井戸、すなわち火と水の祓《はら》い、最近ではガレージやペットのお祓いも行われています。

天明四年（江戸中期）、河内青谷村の御回在で役僧のひとり忍山という者が崖から谷川へ転落した。村中大騒ぎとなったが、しばらくすると忍山が元通り念珠も落とさず、元気な姿ではい上がってきた。一行は安堵の胸をなでおろし、次の檀家へ参って本尊の木箱を開《あ》けると掛幅がよじれ、泥で汚れていた。さては本尊が忍山を助けられたに違いないと人びとは鳥肌を立て、いまさらのごとく十一尊仏の霊験に打たれたという話も伝わっています。

どの宗派にも「本山参り」があります。本山参りとは言うまでもなくこちら側から本山へ出掛けて行くもの。御回在はその逆で、本山側から本尊が出光し、檀家一軒一軒を廻られるのです。

この信仰形態はまさに仏のかたから行者のもとへやって来る大悲無倦《むけん》の現れであり、「来迎引接《らいごういんじょう》」のイメージを再現した一種の迎《むか》え講《こう》にほかなりません。民俗的な「めぐり神」の影響を指摘する学者もあります。

朝廷勧進

詞書

良忍は阿弥陀如来の夢告げに驚き、自ら修得した天台仏教の成果を惜しげもなく放棄して、名実ともに融通念仏の行者となった。天治元年（一一二四）六月九日、大原を出て鳥羽院をはじめ一般庶民、農夫織女に至るまで、会う人ごとにこの念仏を勧進し、結縁者の名を「名帳《みょうちょう》」に記載していった。記帳ずみの名帳は来迎院の経蔵に納めた。いちいちの名は長くなるので省略する。

絵解き

融通念仏は一般に「大念仏」と呼ばれるように、独唱でなく合唱念仏であります。良忍はこの合唱念仏集団を「融通念仏会《え》」と名付け、洛中（京都）の街頭に立って会員募集を始めました。集まった人びとに念仏の功徳を説き、参加者一人ひとりの名を名帳に連ねていった。これを「融通念仏勧進《かんじん》」と呼んでいます。

良忍はこの勧進活動と並行して寺社の境内を借り受け、リズミカルに鉦《かね》を打って文字どおりのコーラス合唱会《え》を興行いたしました。仏教といえばそれまで僧や貴族階級の専有物で、庶民生活と

鳥羽院の御所。上皇と女院に融通念仏を勧める

は無縁のものでありましたが、良忍の勧進によって初めて巷間《こうかん》にその窓口が開かれたのであります。民俗学の五来重氏は良忍の勧進を「宗教的署名活動、歌ごえ運動」と評価されています。人びとは争ってこの合唱会に参加し、自他融通の功徳を実感として受け止めたことでありました。

ただここでまこと素朴な、しかし当然の疑念が湧いてまいります。合唱すなわちコーラスの功徳は分かった、しかし何かの都合でこの集会に参加できなかったり、寝たきり老人や病人などはどうなるのか。会場に足を運び、人びとと唱和しなければ功徳が得られないとするならば、遺憾ながら不便な念仏というほかはない。この点をどう解すべきかということです。理屈といえば理屈ながら融通念仏を合唱念仏と捉《とら》える限り当然の疑念でありましょう。

ここで改めて良忍の名帳《みょうちょう》に注意してください。良忍は名帳を作り、参加者一人ひとりの名を記していった。名帳は合唱会の参加者名簿に違いありません。けれども名帳本来のあり方から言えば、名帳は単なる合唱会の参加者名簿でもなければ会員名簿でもない、念仏共同体の証しとでも言えましょうか。この念仏に同心し、名帳に名さえ載せればおのずから自他の区別を超えた共同体の一員となり不即不離の関係に置かれます。その上は会場に行くもよし行かぬもよし、いついかなる場所で何遍唱えようと、間違いなく合唱念仏の功徳にあずかる。これが名帳の趣旨であり勧進の意義にほかならないのであります。

ある日大原の来迎院へ鳥羽院の御所からひとりの院司《いんじ》が訪れ、

朝廷に融通念仏を勧《すす》めてほしい、とたっての申し出がありました。良忍は朗報に随喜し、吉日《きちじつ》を選んで洛南の鳥羽離宮へ参内《さんだい》いたしました。

絵（22、23ページ）を見てください。狩衣《かりぎぬ》を着た院司がまず良忍を女院の御座所へ案内いたします。御座所には御簾《みす》が張り巡らされ、御簾の下からお衣裳のすそがはみ出しています。良忍はまず女院に向かって融通念仏の功徳を述べ、静かに念仏を唱え始めました。桧皮《ひわだ》ぶきの屋根に化仏《けぶつ》が描かれ念仏を象徴しています。御簾の影で良忍の法話をひそかに聴聞していた女院は、やがて名帳に記載をすませ、サラサラと数珠《じゅず》をもんで涼やかな声で良忍の念仏に唱和されました。絵巻物は異時同図法によって進行し、廊下を隔てて上皇のお座所へ移ります。上皇も良忍の勧進にいたく感動され、自ら硯《すずり》を引き寄せ名帳に署名されました。

作家の司馬遼太郎氏は小説「義経」の中で、右のいきさつを次のようにつづっています。

良忍はさらに新工夫を思いつき、念仏者名帳というものを作り「この名帳に載った名は極楽の主人である阿弥陀如来がご覧になる。されば極楽往生は決定《けつじょう》である」と言って持ち歩き、時の上皇鳥羽院でさえ御所に良忍を呼んでそれに署名された――。

阿弥陀如来がご覧になる云々はともかくとして、名帳勧進は確かに良忍のアイデアに違いなく、鎌倉時代踊り念仏で一世を風靡した時宗祖一遍上人の賦算《ふさん》（札配り）にも大きな影響を与えたといわれています。

ここで良忍の朝廷勧進について考えてみましょう。良忍がいかに高徳であり話題の人物であっても、勧進活動を始めてまだ日も浅いいっかいの勧進僧へ、いきなり雲のかなたから参内の要請があったとは信じがたい。高僧伝によくある箔付《はくづ》けではないのかと。私はこの説は良忍をよく知らない人の憶測にすぎないと思います。なぜなら良忍はすでに叡山時代から常行三昧《じょうぎょうさんまい》の美声がかわれ、朝廷や貴顕の儀式、祈祷に再さい出仕していました。長じては延暦寺の勅修会にも講主の資格で臨席し、殿上人《でんじょうびと》や女官（命婦《みょうぶ》）の間に相当数《そうとうすう》の人脈を持っていたのです。今様《いまよう》（はやり歌）の歌い手、尾張《おわり》命婦との交りもその一端でありましょう。彼女は声明との関連で早くから良忍に師事していました。天皇家の内情に詳しい彼女が朝廷勧進を促《うなが》した、ということはじゅうぶん

庶民、諸僧勧進。中央で名帳を広げているのが良忍。覆面、肢体不自由者の姿も見える。左は本坊

想像されることであります。

　歴史によりますと、鳥羽天皇と中宮璋子《たまこ》妃とはかねてから不仲であったと申します。中宮は藤原公実《きみざね》の娘で、のち待賢門院《たいけんもんいん》と申し上げましたが、まれに見る美人で「殿暦《でんりゃく》」「古事談」などの説では、こともあろうに鳥羽帝の父白河法皇が彼女に懸想《けそう》（恋慕）された。そのため鳥羽帝は一子顕仁親王（のちの崇徳天皇）を「おじ子」として遠ざけ、夫婦間にはいざこざが絶えず、鳥羽帝の側室美福門院に体仁親王ができると、崇徳の子重仁親王と体仁親王が皇位継承を巡って対立し、それに源平の勢力争いが絡まって鳥羽崇徳両院の確執はますますエスカレートし、世にいう保元の乱の要因となっていったのであります。

　鳥羽院は和解を願って最勝寺を建立したり、二十二度にわたる熊野詣《くまのもうで》を行ったり、常日頃より信仰に救いを求めておられたのです。融通念仏に関心を寄せ、良忍の勧進にいちはやく同心されたのも、背後にはこのような複雑な事情があったことを知っておくべきでありましょう。

庶民諸僧勧進

絵解き

　一本のしだれ柳を描き、それを境に良忍の庶民勧進が始まります（上の絵、口絵1）。これはどこかの寺の境内でしょうか。名帳を広げ尼《あま》と語らっているのが良忍。後ろが武家。尼と並んで二人の上臈《じょうろう》がいます。首に鉦鼓をかけ鹿角杖《かせずえ》をついているのは空也《くうや》念仏の鉢叩き。殺生した鹿の供養か皮衣《かわごろも》をまとっています。市女笠《いちめがさ》の後ろから子どもをおんぶした母親、侏儒《しゅじゅ》女《め》と簓《ささら》すりがやってきます。侏儒女は背の低い女芸人。簓すりは彼女の田楽舞《でんがくまい》や歌祭文《うたざいもん》に合わせ、ささら（竹をこまかく割って束ねたもの）を棒でこすって拍子《ひょうし》をとる付き人です。

まん中に覆面をした二人の男が座っています。弦召《つるめそ》といって弓矢、弓絃を商う行商人です。彼らは清掃や死体の処理にもたずさわり「犬神人《いぬじにん》」と呼ばれて一般社会から差別されていました。疱《ほう》瘡《そう》やハンセン病患者の中にも白布で顔や手足を包み、素性を隠す者が少なくなかったということです。修験者まがいの無頼漢、築地塀のすそには手に下駄を履いて地面にはいつくばっている肢体不自由者、浮浪人の姿もあります。良忍の周りには上下の差別なく、各層の人びとが集まって記帳の順番を待っているのです。さながら中世風俗の縮図を見る思いがいたします。

人物のところどころに「尼文妙百反《べん》」「平氏女千反《べん》」などと添え書きがあります。日々唱える念仏の遍数を誓っているのです。人物の名は文妙《もんみょう》と武家の清原末長。上臈二人は氏姓です。女性が名を匿《かく》すのは当時の習わしで、男性の場合でも庶民に氏姓はなく、あだ名や通称で呼び合っていたのでしょう。がほかならぬ名帳のこと、男女とも必ず生来の名を告げ、遍数を誓っていたに違いない。ではいったい庶民はどのような名を告げて名帳に加入していたのでしょうか。

詞書にはその性名を記録して如来蔵に納む、とあります。如来蔵とは来迎院の経庫で、良忍の関係文書で知られておりますが、不思議なことに現在、経蔵には名帳らしきものは見当たりません。「両祖師絵史伝」には当麻寺《たいま》の瑠璃壇《るりだん》下に納めたとも記されています。がこれとて実物を見たという報告はありません（70ページ参照）。ひょっとしたら何代かの住侶が良忍の如法経にあやかって経塚にでも一括埋納したか、追善のため護摩《ごま》でもたいて焚焼したか、これは私の想像ですが、いずれにしても出てくる見込みはなさそうです。とすれば何か別の資料に頼るほかありません。

例えば奈良市元興寺蔵、木造聖徳太子像（重文）の胎内から発見された「千杯供養札」です。短冊形の小さな紙切れに「タラウハウヨネヒトツ」「銭十文奉伽末ヒロ」「コマノユキモリ十文」「三文アミクフ面々過去八文ナリ」等々とこの仏像の造立に協力した庶民の名前、寄進額、米の高《たか》などが記されています。「みつやす」「延寿女」「鯛女」「小松」「すわうにょ」「はるわかにょ」「加力丸」「石熊太郎」など珍しい名が次つぎと出てきます。太子像は鎌倉初期の造立。良忍の活躍期より百年後のものであります。とはいえ昔は十年一日、百年一日、庶民名にそれほど大差があるとは思われません。良忍の名帳にも、たぶんこのような素朴な名前が連ねられていたことでありましょう。

絵解き 広場に続いて本坊らしき建物が現れます（絵25ページ左）。屋内や簀子縁《すのこ》には数名の僧がたむろして、良忍の勧進に同心しています。三角衿を立てた一人の僧綱《そうごう》（官僧）が稚児を連れてやってきました。向こうには腰の曲がった老尼の姿が見えます。縁側で記帳しているのは、のち宗門第三祖となる尊永上人です。良忍は室内から外を向き、尊永の記帳を見守っています。

庶民、諸僧勧進。江戸時代の風俗で描かれている。元禄版本「融通大念仏縁起」より

庶民層には文盲《もんもう》が多く、良忍は代わりに記帳いたしますが、僧尼や知識人の場合は向こう付けです。「中原少将聖千遍」「僧厳賢四万三千反」と日課念仏の遍数を添え書きしています。厳賢《ごんげん》は尊永の兄弟子で「小湯屋の聖」と呼ばれ、のち宗門第二祖となる方です。

ここで日課念仏すなわち日々唱える念仏の遍数について考えておきましょう。そもそも融通念仏は自他融通で、理の上から申せば一念多念にこだわる必要はない。一遍の念仏にも結縁者一切の功徳がこもると申し上げた通りです。自分のペースで恣意《しい》的に唱えればよいのです。ただ互いの念仏に相乗効果を上げるため、できれば多念が望ましい。後小松天皇勧進帳に

一念モ往生スト信ジテ多念ヲ励ムベシトイウコト、念仏行者ノ故実ナリ

と示されているのはそのことなのです。それと

日課とて念仏の数《かず》を定めねば
怠《おこた》りがちになりやすきかな

で、日々唱える念仏の遍数を決めておかないとどうしても怠慢になりがちですし、そうでなくても勤行における一種の目安として名帳加入の際、その遍数を誓っておくことが習わしとなっているのです。現在、宗門末寺で行われている「伝法会《え》」でも、名帳勧進の際、日課念仏の遍数を誓います。いわゆる日課百遍です。一律百遍と誓うのは、後に出てくる「神名帳《じんみょうちょう》」にあやかったものでありましょう。それにしてもさすがは第二祖、四万三千反《べん》とは律義な誓い、何を根拠とした数取りでしょうか。

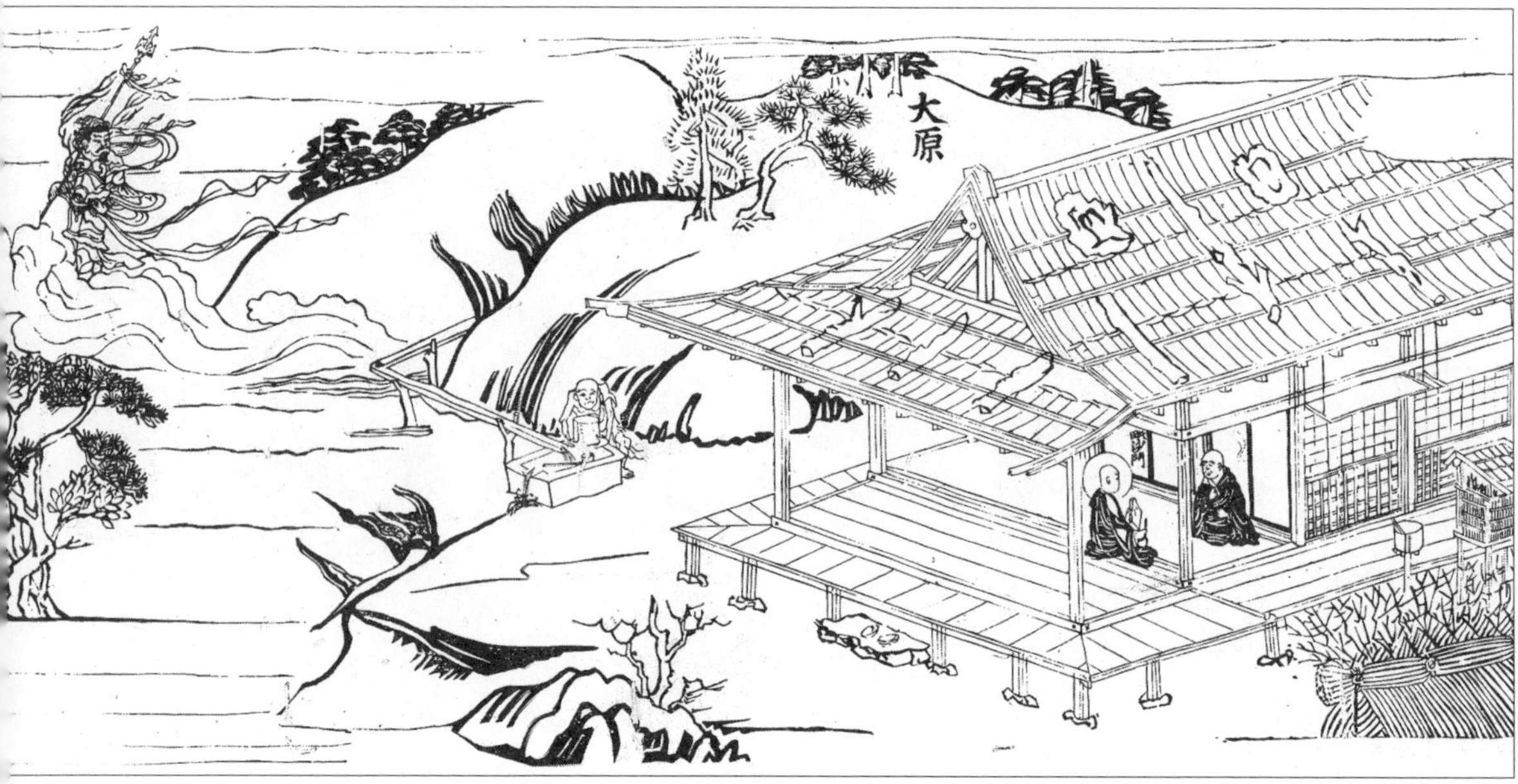

良忍と化僧の対面

「厳賢さん。そんなに無理してよいのですか」とついお節介が焼きたくなります。

毘沙門天の入会

詞書

ある朝のこと。青衣《しょうえ》を着た壮年の僧がひょっこりと来迎院を訪れ、融通念仏会《え》に加入させてくだされと結縁を所望された。良忍はそれはかたじけないと名帳を差し出し、日課念仏の誓いを求めた。僧は硯《すずり》を引き寄せ筆を取ってサラサラと記帳し、煙のように立ち去った。不思議なこともあるものよ、と名帳を開くと次のような文言がしたためられてあった。

請ケ奉ツル念仏百反、仏法護者鞍馬寺毘沙門天王、念仏結縁ノ衆生ヲ守護センガタメニ来レリ云々

数えてみるとこの天王のご加入は五百十二人目の次であった。ほかは知らず。わが国にとっては誠に不思議な尊い出来事と言わねばならない。

絵解き

来迎院の本堂。正面の蔀戸《しとみど》が取り払われ、風通しの良い外陣《げじん》で二人の僧が対面しています。向こうが良忍、手前が青衣の僧、頭光《ずこう》をつけているので毘沙門天の化《け》僧と分かります。化僧は記帳を済ますと煙のようにかき消えたというのです。

小僧のいる来迎院の境内。続いて雲に乗った毘沙門天と、同じく雲に乗った化僧の往還が、例の異時同図法によって描かれています。物語の順序から言えば巻物を先送りして、鞍馬寺の境内図

毘沙門天と化僧の往還

から手前へ戻して見ていくとよく分かります。

まず深い霧の中に鞍馬寺の本堂と多宝塔が浮かんでいます。木立の間からひとかたまりの雲が湧き出し、本堂の前でたゆたっている。お厨子《ずし》の扉がギィと開き、中から毘沙門天が青衣を着た壮年の僧となってその雲に乗る、そして大原目指して飛んでいきます。

次が来迎院の境内。下仕えの僧がたぶん朝餉《げ》の仕度に取り掛かっているのでしょう。桶《おけ》を抱えて筧《かけひ》の水をくんでいます。ふと空を見上げると、ひとかたまりの雲がやって来て、上から青衣の僧がひらりと降りたち

「上人はお目覚めか」

と尋ねる。驚いた小僧は、目を白黒させて本堂で勤行《ごんぎょう》中の良忍に取り次ぐ。良忍は何ごとならんと蔀戸を取り払い、化僧を本堂へ迎え入れます。化僧はしかじかと来意を述べ、記帳してかき消すように立ち去った。

来迎院を後にすると、化僧は再び先の境内上空でもとの厳《いか》めしい毘沙門天の姿に立ち戻り、雲を呼んで鞍馬寺へ帰ってゆく――。以上二つの場面を展望し、視点を変えて拝見すれば物語の筋立てが分かり、絵師の工夫も味わえるというものです。

鞍馬寺《くらまでら》は洛北鞍馬山の中腹にあり、毘沙門天の霊場で知られています。毘沙門天は四天王の一、多聞天《たもんてん》と同体で北方世界の守護神です。桓武天皇は鞍馬山が平安京の鬼門《きもん》方向（東北方）にあたるところから、毘沙門天を王城鎮護の守護神と仰ぎ、延暦十五年、定額寺《じょうがくじ》（官寺）と定めました。本堂背後の僧正ヶ谷は昼なお暗く、牛若丸が天狗《てんぐ》から剣術を学んだ所と伝えられています。牛

若は毘沙門天の「沙」の一字を取って「沙那王《しゃなおう》」と名乗りました。

本尊毘沙門天は右手に鉾《ほこ》、左手を軽く腰に当て、左右に吉祥天女《きちじょうてんにょ》と善膩師童子《ぜんにしどうじ》を従えた三尊像（秘仏）です。平安時代の末、本尊とは別に桓武天皇の意をくんで、中尊毘沙門天の印契《いんげい》（手のかたち）をつくり変え、右手に鉾、左手を眉の上にかざして鞍馬山から南の平安京を見守る独創的な像容が造られました。これが現在国宝と仰ぐ芸術上の名品で、大治二年（一一二七）の本堂炎上後には一時、本尊として祀《まつ》られたこともあったそうです。この像の兜《かぶと》の正面に、たまたま如意宝珠（何でも叶えられる宝の珠《たま》）が彫られていたところから、福徳神としての信仰が生まれ、後世、毘沙門天が弁財天《べざいてん》（吉祥天女）と一緒に七福神の仲間入りを果たすきっかけとなったといわれています。

経には釈迦が入滅して二千年たつと末法《まっぽう》といって仏法が衰え、世の中が乱れると予言されています。わが国では十二世紀の中頃、永承七年（一〇五二）が末法元年となります。人びとは僧兵の横行や相次ぐ戦乱、天変地異に末法到来を実感し、自力難行を諦《あきら》め末法相応の念仏信仰に救いを求めました。

一方、法滅の危機感から経文を書写し、経塚に埋めて仏法を守り、五十六億七千万年後にこの世に現れ、釈迦の跡継ぎをする弥《み》勒《ろく》の世まで大切に保存しておこうとする如法経信仰もさかんに行われました。良忍も念仏に励むかたわら、如法経勧進に尽くしていたことは既に申し上げた通りです。経塚は全国各地に造営され、千カ所近く発見されておりますが、毘沙門天のお膝もと鞍馬寺複合経塚は如法経勧進のメッカとされ、良忍の埋経もほとんどここで行われていたのです。

そのころ鞍馬寺には重怡《ちょうい》上人といって、良忍とは叡山時代の親友が住んでいました。重怡は有数の如法経勧進聖《かんじんひじり》で、良忍も彼の影響を受けて勧進聖の仲間入りを果たしたと伝えられています。重怡は一面熱心な念仏行者で、良忍が阿弥陀仏から融通念仏を授かり、その勧進を始めたと知ると、さっそく来迎院を訪れ、自ら名帳に加入して、終生良忍の勧進活動を支援いたしました。青衣を着て来迎院を訪れた毘沙門天の化僧《けそう》とは、小説的発想から言えばほかならぬ重怡その人ではなかったか、と私は想像しています。

鞍馬寺参籠

詞書

天治二年（一一二五）四月四日、良忍は鞍馬寺へ参籠《さんろう》し、徹夜で念仏を唱えていた。寅の刻、毘沙門天が幻のごとく現れ

「私は先にあなたの名帳に加入し、あなたと同行《どうぎょう》の念仏衆を影のかたちに添うように守護してきた。（融通念仏は誠に素晴らしい念仏であるので）あなたに代わって天上界に赴《おもむ》き、神々にこの念仏を勧め、日課百遍の誓いを取り付けてきた。この名帳をあなたに預けよう。ぜひとも本帳に加えてくだされ」

と一巻の書を手渡された。うやうやしく受け止めた、と見たとたん夢から覚めた。我に返って辺《あた》りを見れば、果たして経机の上に夢に見た巻物が置かれてあった。灯明にかざして開巻すれば、インド中国日本の神々の名がめじろ押しに並んでいた。

鞍馬寺参籠の情景

絵解き

鞍馬寺本堂における参籠、おこもりの情景です。本堂を吹き抜け屋台とし、参籠者とりどりの姿がリアルに描かれています。良忍は本尊前に経机を立て、報謝の意を込めてつぶやくように念仏を唱えています。手前は公家《くげ》、向こう二人は女性、市女笠《いちめがさ》にもたれ肩を寄せ合って眠りこけています。遅れてやってきた折烏帽子《おりえぼし》の男が、取るものも取りあえず上がり框《かまち》で三拝九拝。隣の男がその気配に目を覚まし、歯ぎしりをしながらボリボリと腕を掻《か》いています。参籠者につくろいはありません。宝前に額《ぬか》づき念仏なり祈願を済ませばあとは白河夜船《しらかわよふね》。思いおもいの姿で夢路をたどります。良忍の念仏もしだいに途切れがちとなり、いつしか経机にもたれて眠ってしまいます。外は漆黒の闇。ときどきフクロウの鳴き声が聞こえてきます。寅の刻といえばいまの午前四時頃でしょうか。正面の扉がギイと開き、火焔を背負った毘沙門天が威相を和らげ、皮甲の音をギュウギュウいわせながら良忍の前へやってきて、しかじかと謂《い》われを述べ一巻の名帳を手渡された。

ちなみに寅の刻は方角的にいえば「艮《うしとら》」で、ここでも東北方守護の多聞天を連想させています。大和国信貴山毘沙門天も寅年の寅日寅刻に出現されました。

鞍馬寺では現在、右の毘沙門天出現を記念して毎月七日、境内の転法輪堂《てんぽうりんどう》で「融通念仏会」、四月七日には同堂で数珠繰り法要が午後二時より行われています。参詣者めいめいは粒つぶぐりで大珠を手廻しします。最後に貫主がその珠数を白布で束《たば》ね、参詣

参籠して神名帳を賜る。元禄版本「融通大念仏縁起」より

者一人ひとりの背に当てがって

〽鞍馬のお山の融通念仏　お珠数《じゅず》頂戴　家内安全　病魔退散
　身体壮健　オンベイシラマナヤ　ソワカ

と唱えます。参詣者一同もそれに唱和し、みんなで功徳を共有するのです。まだの方はぜひ参詣されるようお勧めします。

さてもう一度絵の参籠風景をご覧ください。どこからか、いやしくも尊天の御宝前である。寝《い》ぎたなく眠りこけてしまうなんて不謹慎もはなはだしい。罰当たりではないか、とお叱りの声が聞こえてきそうです。そういえば二人の女性は御本尊に足を向けて眠っています。鼾《いびき》をかいている男もいます。常識的に考えれば無礼千万。不謹慎と言われても仕方がありません。しかしここは「参籠《さんろう》」の場なのです。ふつうの参詣なら非難されても当然でありますけれど、参籠とはおこもりで、じつは夢見《ゆめみ》が目的なのです。ひととおりの念仏や祈願さえ済ませれば後《あと》は夢告げを待つばかり。少々の不作法や軽はずみも御本尊はお許しになるのです。清水《きよみず》寺や長谷《はせ》観音の夢告げは特に評判で、連日おこもりの人で賑わっていたということです。夢見が悪ければ翌日夢違えのお祓いを受け、さらに参籠を続けます。良忍の場合は夢告げを受けたばかりか、思いもよらぬ神々の名が記された名帳を賜った。この奇瑞は有名な「古今著聞集」にも紹介されています。「詞書」には引き続き融通念仏会に加入し、日課百遍を誓った神々の名が記されています。神々の名帳は一般の名帳と区別して「神名《じんみょう》帳」と呼ぶことになりました。本書巻末の詞書原文にこの神名帳を紹介していますのでご一覧ください。

神々の結縁　その一

明徳版本「融通念仏縁起」には、神名帳に続いて五祖尊永上人が北野天神から夢告げで授かった「北野天神融通念仏行者示現文」を載せています。本縁起の勧進聖良鎮上人は神名帳を讃仰し、その関連からこの段に示現文《じげんもん》を収録されたと考えられますが、「詞書」には引き続き神名帳への感慨をつづっていますので、示現文はその後で紹介いたします。

詞書

融通念仏に結縁《けちえん》された神々の顔ぶれは以上のようなものであった。

むかし釈迦如来がインドの祇園精舎《ぎおんしょうじゃ》で「阿弥陀経」を説かれたとき、東西南北上下六方にまします無数の仏たちが、声をそろえて

「げにも誠《まこと》の教えなり」

と称賛された。時は下り末法濁世《じょくせ》のわが国で、大原の良忍上人が他力《たりき》融通念仏を勧進されたところ、毘沙門天をはじめインド、中国、日本の神々がこぞってこの念仏に同心し、名帳に加入された。良忍の融通念仏勧進は、釈迦如来に寄せた六方諸仏の称讃と少しも異なるものではない。仏と、仏が姿を変えてわが国に現れた神々とは、本体化身の違いはあれど、衆生済度《さいど》（救い）のこころざしになんら変わるところがない。

絵解き

勧進元《かんじんもと》の毘沙門天を中心として、まずインド、中国の神々のうち代表神と仰がれる諸天を適当に配置し、一種の尊天曼荼羅《そんてんまんだら》を構成しています（絵34、35ページ）。天と名の付く神々はもとヒンズー教の神です。仏法に帰依《きえ》して仏教の守護神となりました。梵天《ぼんてん》はヒンズー教の最高神。帝釈天《たいしゃくてん》は武神、四天王はその配下です。

右上の愛染明王《あいぜんみょうおう》は本来明王部に属し、天部のほとけではありません。けれども人間的な煩悩や、愛欲によって生ずる男女間の悩みを浄化し、幸せをもたらす神として天部の仲間入りをさせています。手に弓矢を持ち、何となく愛の神キューピットを想起させます。梵天帝釈天は比較的本来の姿をとどめ、古代寺院では本尊の脇侍となって祀《まつ》られています。毘沙門天、吉祥天（弁天）は民間信仰に溶け込み、七福神のメンバーとして親しまれているのは周知のところです。

竜王はもとインド原住民の間で畏怖されていた蛇神です。中国では鱗《うろこ》をもった蛟竜《こうりゅう》や、角《つの》のある虬竜《みずちりゅう》と習合し、同じく仏法の守護神となりました。密教の曼荼羅絵にはヒンズー教の神々が多数登場します。七星、九曜、二十八宿はともに中国の暦法神《れきほうしん》。わが国では「星まつり」といって毎年冬至（十二月二十二日頃）になると来年の除災招福を祈ってこれらの星神を供養します。

閻魔王はじめ冥官十王（冥土の裁判官）も中国神。集団で描かれているのにご注意ください。本縁起の下巻、北白河下僧《げ》の妻が、閻魔の庁からこの世に舞い戻されたエピソードの中に冥官十王が登場します。何かその伏線のような感じがしないでもありません。

神々の中心にいるのが毘沙門天です。通形では足下に邪鬼を踏《ふ》

毘沙門天の諸天勧進。吉祥天女と対面する

まえ、右手に鉾《ほこ》、左手に宝塔をささげた武神の姿で表現されておりますが、勧進元《かんじんもと》を務める尊天はさすがに鉾と宝塔を手離し（口絵2）、名帳を持って神々に入会《え》を呼び掛けています。鉾と宝塔はどこへ行ったのでしょうか。尊天の後ろをご覧ください。邪鬼が鉾と宝塔を預かり、神妙な顔つきで毘沙門天に従っています。毘沙門天と邪鬼の間に、髪をみずらに結った可愛い童子がいます。

神といえば全智全能、完全無欠の神格を想像します。けれども仏教では六道の一、五種の衰亡相《すいもうそう》が現れ、果徳が尽きると悪処に赴《おもむ》く恐れありとされています。その点ギリシャ神話や、織女に馬の皮を投げつけ姉神を困らせたスサノオノミコトなど「古事記」の神々と大差なく、神威があり、祈りの対象と仰いでも衆生界を超える存在ではありません。毘沙門天の勧進に同心し、こぞって融通念仏に結縁されたのも、背後にこのような事情があったことを知っておくべきでありましょう。

実を申しますと毘沙門天自身欲情が強く、ことさらに異性を好まれた。ある寺の由緒によりますと一時期酒色に溺《おぼ》れ、夜な夜なお厨子《ずし》を抜け出し夜遊びに呆《ほう》けておられたというのです。困り果てた住職は一計を案じ、お厨子の中へ艶《あで》やかな女神像を入れた。すると夜遊びがピタリと止《や》み、もとの謹厳な毘沙門天に戻られたということです。この女神が吉祥天女《きちじょうてんにょ》（弁財天）です。果たせるかな絵でも二人を見会わせ、何ごとかを語らせています。二人はめでたく結婚し、玉のような男児をもうけました。この男児が善膩師童子《ぜんにしどうじ》で、絵では髪をみずらに結い、毘沙門天の後ろに小さく控えています。毘沙門天を中尊とし右吉祥天女、左善膩師童子

インド、中国の神々

を脇侍としたいわばファミリー三尊像が鞍馬寺の主尊となり、模刻が各地で祀《まつ》られています。

古来、毘沙門天のお使いは節足動物のムカデ（蜈蚣、百足）とされています。ムカデの背中が兜跋《とばつ》毘沙門天（異像）の鎧《よろい》に似ているところから。あるいは金鉱銀鉱を赤ムカデ白ムカデといい、毘沙門天の持物の鉾《ほこ》がこの鉱脈を掘り当てる金属棒に似ているところから。鞍馬寺への参道がくねくねと折れ曲がりムカデの蛇行に似ているところから等々、お使いの由来には諸説があって愉快です。そういえば百足はお足《あし》（お金）が多い。客足がつく。いわゆる千客万来と語呂《ごろ》合せにも通じ、福神のお使いとして誠に相応《ふさわ》しく、昔から毘沙門天の信者には危害を加えないとも言われています。

毘沙門三尊像（室町時代、徳融寺蔵）

さかまく波を厳島神社の橋脚につないでいる

神々の結縁　その二

絵解き

神名帳にはインド中国の神々に続いて日本の神々が登場します。インド中国の神々は人物像、日本の神々、いわゆる神祇《じんぎ》はすべて社殿や鳥居で象徴的に表現されています。海中から二体の竜王を現し（絵35ページ）、さかまく波を厳島神社《いつくしまじんじゃ》の橋脚につないでいます。

厳島神社は日本三景のひとつ安芸の宮島にあります。水神で市《いち》杵島姫命《きしまひめのみこと》を祀《まつ》っています。平清盛が安芸守《あきのかみ》として在任中、この神に霊威を感じ、平家一門の守護神と仰ぎました。法華経を中心とした「平家納経」は、わが国装飾経の白眉です。

厳島と背中あわせに熊野権現《ごんげん》の廻廊が続きます。融通念仏の同行《どうぎょう》鳥羽上皇は、熊野権現へ生涯にわたって二十二度も御幸され、鎌倉時代この習わしは武家や庶民の間にも普及して、山道をたどる参詣者の列を「蟻《あり》の熊野詣で」と呼んだことはよく知られています。お使いの鴉《からす》七十五羽を絵文字に刷った牛王《ごおう》宝印は起《き》請文《しょうもん》や武家の誓紙に用いられ、厄除けの護符は「御師《おし》」や「牛王売り」の比丘尼《びくに》によって全国に流布いたしました。

山頂に多宝塔の九輪《くりん》をのぞかせているのは京都の男山、石清水《いわしみず》八幡社です。融通念仏の法灯が、鎌倉時代百四十年間中絶したとき、法灯を守って七祖法明上人に伝えられたのがこの大神《おおがみ》です。

神さびた木立の中に、雲に沈んだ二つの鳥居が見えるでしょう。手前が伊勢神宮、後ろが春日大社。伊勢は皇室の宗廟《そうびょう》、春日大社は藤原家の氏神です。鳥居の上に藤の花房を絡《から》ませてそれを

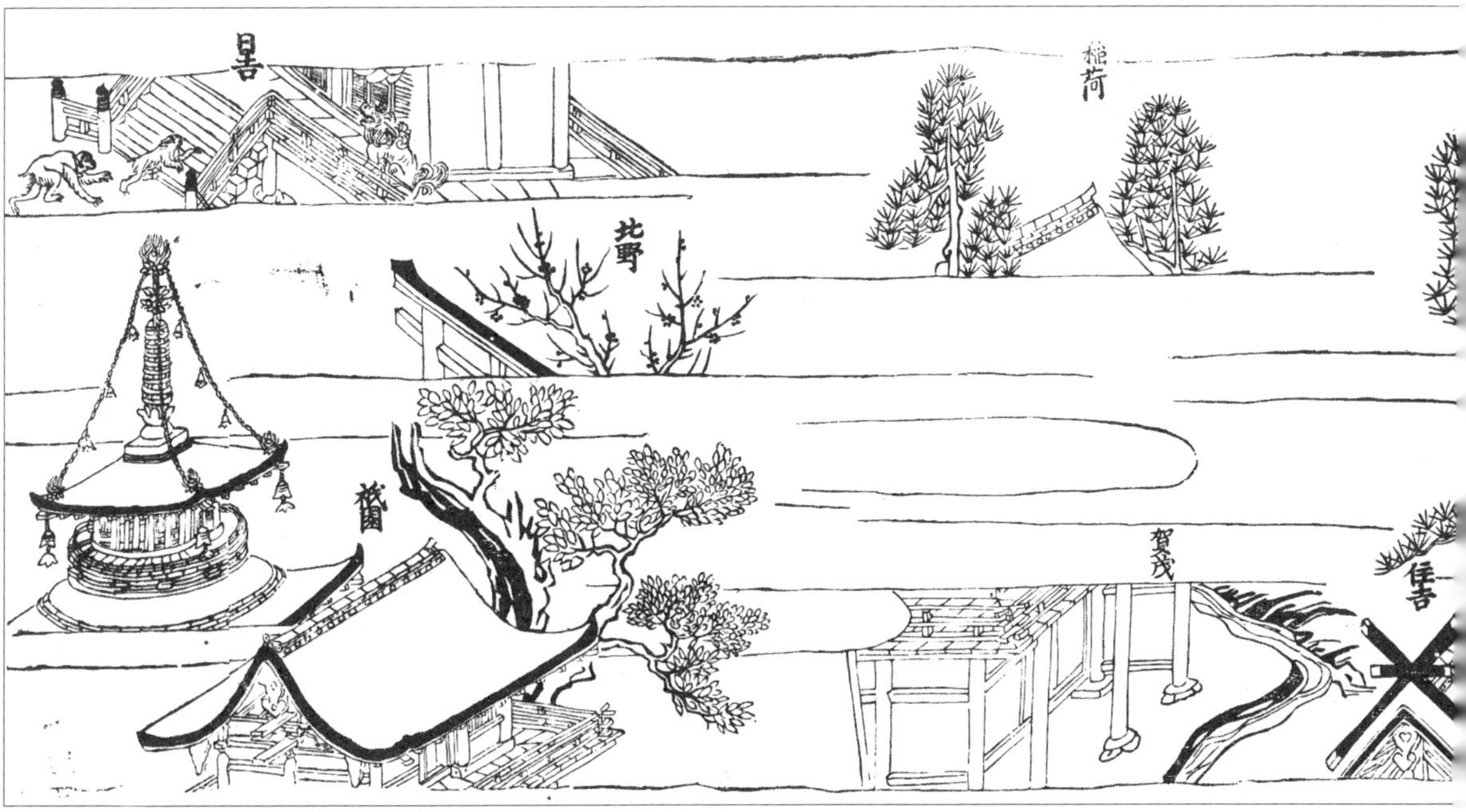

日本の神祇。社殿であらわす

表しています。鎌倉時代興福寺と春日大社が共同で大般若経、法華経等多くの経典を開版いたしました。これを「春日版一切経」といい、現在その経庫が奈良公園片岡梅林のほとりに丸窓を開けて立っています。

老松の影に千木《ちぎ》を交わした切妻造《きりづまづく》りの神殿が見えます。摂津一の宮住吉大社です。漁業、航海安全の守護神で、遣唐使出航の際にはまずこの神に祈念して出帆いたしました。

住吉の隣り、小川を隔てて加茂神社の門柱が見えます。例年の「葵祭《あおいまつり》」は牛車や冠の上に葵の葉を付け、古代祭儀の面影を伝えています。王朝時代から見物客が多く、物見車《ものみぐるま》の車争いは「源氏物語」の中でも印象的な場面です。

杉木立の中に屋根だけ見せているのは伏見稲荷大社です。農耕と殖産興業の守護神で、平安時代に京都東寺の密教と習合し、狐《きつね》に乗った荼枳尼天《だきにてん》を本地といたしました。良忍が稲荷社へ参り、神前で声明を唱えていると、一匹の老狐が現れ、水晶の錫杖を良忍に授けた話が「野守鏡《のもりのかがみ》」に出ています。

梅林を背にして鳥居の頂上が見えます。学問上達の神、北野の天満天神で、春先には合格祈願で賑わいます。五祖尊永上人は天満天神を崇敬し、夢中に「示現文《じげんもん》」を授かりました。次稿で紹介いたします。

北野天神の上に日吉《ひえ》神社の廻廊が続きます。お使いの猿が二匹、階段の前でたわむれています。比叡山の地主神といわれ、参道には珍しい合掌鳥居が立っています。

諸社のしんがりを受けて祇園《ぎおん》八坂神社の広大な神殿と多宝塔が

毘沙門天の諸天勧進。元禄版本「融通大念仏縁起」より

描かれています。もと感神院といい、本尊は疫病神で知られた牛《ご》頭《ず》天王《てんのう》です。「祇園まつり」の山鉾《やまぼこ》巡行は疫病払いの幸鉾《さいのほこ》が始まりで、本縁起下巻「正嘉行疫《しょうかこうえき》」の段には髪の毛を振り乱し御幣《ごへい》を持った牛頭天王が登場します。

以上「神名帳」神祇の部から代表的な十一社を選び、インド、中国の諸天と対応して一種の社寺曼荼羅を構成いたしました。神名帳を開くと、どの諸天神祇にも名称の後に「眷属部類《けんぞくぶるい》」とついています。祭神の一族ことごとくが融通念仏に結縁《けちえん》し、日課百遍を誓われたということです。

江戸時代稗田《ひえだ》（大和郡山市）の詮海和上《せんかいわじょう》、高弟の楽山《ごうざん》上人は本縁起から「神名帳」を抜き出し、摺刷して有縁の人びとに配りました。鞍馬寺では今でもミニチュア版の神名帳を作り、お守りとして授与しています。

お守りといえば奈良市徳融寺蔵「融通念仏縁起」を見過ごすわけにはまいりません。寛文年間の住職良道上人が、近郷一円を勧進し寺へ寄進した書写彩色本で、春日絵所の作と考えられております。が特筆すべきは神名帳における神祇《じんぎ》の数で、祖本の三十六社はいうに及ばず、奈良周辺の鎮守や氏神三十五社、国内六十余州の九十五社を加えた総数百六十六社分を収録しています。良道上人もまた神名帳の魅力に引かれ、お守りを兼ねて本縁起を勧進されたに違いありません。

北野天神の示現。元禄版本「両祖師絵史伝」より

北野天神融通念仏行者示現文

詞書

私の本地は十一面観音である。この国の人びとを済度《さいど》（救い）するため天神の姿を取って現れた。私の本師は阿弥陀如来である。（大慈大悲のみこころにうたれ）師恩報謝の心から、毎日百八遍の念仏を唱えている。この念仏の功徳は相即《そうそく》してことごとくあなたのものとなり、あなたの唱える三千遍の念仏はことごとく私のものとなる。融通念仏の功徳は甚深《じんじん》また甚深。行者はこの世で幸せを得、来世は間違いなく極楽往生を遂げる云々。（以上詩偈）

詞書解き

五祖尊永上人は日課念仏三千遍の行者で、熱心な天満天神の崇敬者でもありました。ある日洛中（京都市）の北野天神に出掛け社頭で念仏を唱えていると、天神が幻《まぼろし》のごとく現れ、右の示現文を口移しに授けられたということです。示現文はもと比叡山楞厳院《りょうごんいん》にあり摺刷して頒布されていました。明徳版本の勧進聖良鎮上人はこの示現文を見て感動し、神名帳のすぐ後に紹介されました。本書では先に申し上げました通り絵解きの都合上この段に移しました。

神々の結縁　その三

詞書

神々が融通念仏に結縁されたということはすでに述べた。梵天《ぼんてん》、帝釈天《たいしゃくてん》、四天王ら護世の神々が集まって申されるのには

「諸仏はすべて念仏信仰によって悟りを開かれた、と般舟三昧《はんじゅうざんまい》経《きょう》に説いている。融通念仏は阿弥陀如来が良忍上人の来迎院を訪れ、上人に夢告げで授けられた妙法で、現世で現《うつ》し身のまま往生が叶えられる他力念仏の極致である。利益《りやく》も広大、功徳も莫《ばく》大、善人（聖者）も悪人（凡夫）も、大聖も小聖も、信仰の深きも浅きも、阿弥陀仏の本願力を頼んで念仏を唱えれば誰でも救われるのだ。さあわれらもこの福音《ふくいん》にあやかって五衰《ごすい》（五種の煩《わずら》い）を離れ、ともに往生して悟《さと》りを開かせてもらおうではないか」と。

かくて諸天や日本の神々は毘沙門天の勧進に同心し、天治二年（一一二五）四月五日より融通念仏の行者となり、未来永劫決して退転しないと誓い合われたのであった。天界の神々すら阿弥陀仏の名号を深く信じて念仏に励まれたのである。どうして迷界の凡夫が、こんな素晴しい念仏にくみして往生にあやからないという法があろうか。

融通念仏会《え》の仲間に加われば、神々とも結縁《けちえん》することになる。神々も念仏衆、われわれも念仏衆。神々の唱える念仏は融通してわれわれの功徳となり、われわれの唱える念仏は融通して神々の功徳となる。ゆえにこの念仏会《え》に連なる者は、日々億百万遍の行者にほかならない。このように念仏の功徳を互いに交し合い、自他ともに往生させていただく法門を、自力の難行を離れ、願行ともに具《そな》わった他力易《い》行の融通念仏というのである。

およそ日本国に生を受けたものは、阿弥陀如来に帰依《きえ》し念仏を申すべきである。そもそもわが国は神国であり念仏有縁《うえん》の国がらである。神々に対しひとたびもこの法味を奉れば、神々は喜んで納受される。あらゆる神々がこぞって阿弥陀仏の名号を選び、称美讃嘆されたということは、諸経の中でも極めてまれで、日本全土に念仏信仰が広まる先ぶれと言えるのではなかろうか。

そこで神意に叶いたいと願う者は、神社へ参った場合、一般的な拝礼（二礼、二拍手、一礼）にとらわれず、神々の本意とされる念仏をほがらかに唱えることだ。そうすれば神々の悩みも解消し、拝者の願望も成就して、現世来世の幸せが叶えられること間違いがない。

神国に生れながら、神々の本意とされる念仏を貶《けな》したり軽んじたりする者は、神々の加護が得られないばかりか、現世には多くの災難に見舞われ、後生《ごしょう》には悪道に堕《お》ちて種々の苦しみを味あわねばならない。——とはいえ念仏を誹《そし》るも軽んじるも、ともに浄土往生を果たす機縁となる。たとえ念仏を誹っても、心をひるがえして念仏を唱えれば往生が叶えられること間違いがない。神々の結縁によって信心がいっそう深まり、勧進にも励《はげ》みがついた。私たちが念仏を悦《よろこ》ぶのはもっともなこと。思慮なき鳥やけものさえこの念仏会にくみして、唱名に励んだということである。これまた不思議なことと言わねばならない。

日課百遍を誓う鷹と鼠

鷹と鼠

絵解き

一行十数字、六十六行にわたる詞書の長広舌《ちょうこうぜつ》が終わりました。神々の願いが往生にあること。人びとの念仏と神々の念仏が相即することなど、改めて教えられた気がいたします。さて長広舌が終わったとたん、何とも和やかな入会《にゅうえ》を願う鳥畜の絵が現れます。

勧進を済ませ自坊に戻った良忍が、ふと庭先に目をやると、庭石の上に一羽の鷹《たか》が止まり、かたわらに小さな鼠《ねずみ》がかしこまって、良忍に向かって可愛い目を上げているのです。

「私たちは上人が融通念仏を勧進されていると聞きました。このたびはまた毘沙門天のお取り持ちで、神々も結縁《けちえん》なされましたとか。神々も私たちも六道の一、迷界の衆生に変わりありません。日課百遍を誓いますので、どうか念仏衆の仲間入りをさせてくださいな」

とでも言っているのでしょうか。口をもぐもぐさせながら、心のたけを訴えているのです。良忍は深い感動に襲われ、名帳に鷹百遍、鼠百遍、如是畜生発菩提心《ほつぼだいしん》と書き記し、ともに念仏を唱えたことでありました。

絵は神々の入会《え》を聞きつけ、畜生道の代表としてやってきた鷹と鼠の、切実な願望を描いたものです。常日頃から生きものに純情な目を掛けていた良忍の企《くわだ》てともとれ、積極的な情愛の現れと見ないわけにもまいりません。西洋の名画にアッシジの聖フランシスが掌《てのひら》に小鳥を乗せ、頬《ほお》ずりをしながら教えを説いている絵が

鳥畜類の結縁（イメージ）。元禄版本「融通大念仏縁起」より

ありました。私は縁起の鳥畜図を見るたびにこの名画を思い出し、いつしか良忍と聖フランシスをだぶらせて考えてしまうのでありました。

良忍、法明、大通上人を融通念仏宗の三祖と申し上げます。三祖と鳥畜には他宗の祖師に見られぬ因縁があります。

良忍が稲荷社へ参り、白狐から水晶の手錫《てしゃく》を賜った話は「神名帳」の段で申し述べました。大原の民話には狼《おおかみ》の話が出てきます。来迎院建立の際、森林を伐採《ばっさい》し岩石を破壊したため狼や貉《むじな》が居どころを失い、山里に出没して人畜に被害を及ぼすこととなりました。浄業とはいえ痛恨の念にかられた良忍はあちこちに生飯《さば》を配り、寒空の中、連日けもの道に座って念仏を唱え続けました。けものたちはその浄行に打たれ、以後狼の出没がなくなって、山里に平和が戻ってきたということであります。

道かよふ大原のおくのくつわむし
　たずなゆるして法《のり》の声きけ

というお歌も残っています。

法明上人には「亀鉦《かめがね》伝説」があります。播州加古へ勧進に出向かれた途中、鳴尾沖で大しけに遭い、船が今にも転覆しそうになった。法明は竜神の怒りに触れたに違いないと考え、伝来の鏡《かがみ》鉦《がね》を海中に投じて難を逃れた。が、大切な鉦を失った悔しさに頭を抱《かか》えて悩んでいると、後日、波間に亀が現れ鉦を返しに来た。以来大念仏寺ではこの鉦を「亀鉦」と呼び、宗門第一の霊宝とあがめています。宗門人なら誰でも知っているお話です。

大通上人といえば犬との縁が切れません。一宗公認を果たすた

来迎院本堂。正面が臨終、側面が入棺のようす

め「犬公方《いぬくぼう》」と呼ばれた五代将軍綱吉公のご機嫌をとり、犬の管理にはずいぶん苦労された模様です。一説には「生類憐《しょうるいあわれ》み」の保護令によって犬が横着になり、車が来ても避《よ》けないので、街中の大八車《だいはちぐるま》には車夫のほか先払いが付き、犬を追い払って通行していたということです。大通上人のこと、将軍や要人の往来には率先して寺男を差し向け、野犬の世話も引き受けておられたのではないかと想像いたします。

二十五菩薩来迎

詞書

長承元年（一一三二）春、かねて療養中の良忍は二月一日、来迎院の居室で静かに息を引きとった。享年六十才であった。七日以前死の到来を予感し、ひたすら仏の来迎を念じた。臨終には清らかな薫《かお》りが辺りに立ち込め、苔《こけ》の上には紫雲がたなびいた。峰の松風は来迎の菩薩が奏でる笙笛《しょうてき》や竪琴《たてごと》の音と聞こえ、庭の滝水は岩に当たってむせぶがごとく、琵琶《びわ》鐃鉢《にょうはち》の調べとあい和して、その往生ぶりは言い尽くすことのできない厳《おごそ》かさであった。入棺の際良忍のからだはまるで鴻毛《こうもう》（おお鳥の毛）のごとく軽やかであったという。

絵解き

良忍の臨終、入棺のようす。引き続き二十五菩薩来迎のシーンとなります。まずおなじみの来迎院本堂。正面の広縁には三人の僧が端座《たんざ》しています。中央が良忍。左側の僧は引《いん》磬《きん》（手鉦）を打ち、右側の僧は介添え役。涙にかきくれ袖口《そでぐち》を目

二体の菩薩が両手を広げて踊っている

に当てがって念仏を唱えています。「往生伝」によりますと良忍は晩年病弱で、居室にこもりがちであったと伝えられております。臨終には袈裟《けさ》ころもを着用し、端座して来迎を仰ぎました。晴れわたった空には五色の蓮弁が舞い、やがて山ぎわの一角に蓮台を持った観音菩薩が姿を現し、雲に乗って本堂の広縁へ差し掛かります。

本堂側面を見ましょう（絵43ページ右）。例の異時同図法によって、近親の僧が良忍の亡きがらを両腋に抱え、介添僧の助けを得て納棺するようすがリアルに描かれています。堂の周りには里人《さとびと》が集まり、涙にむせびながら納棺のようすを見守っています。うずくまって合掌する小児の姿も見えます。

大原を取り巻く四方の山やまに管絃の音が静かにこだまし、やがて紫雲のたなびく西の空から楽器を持った来迎の菩薩がつぎつぎと現れます。中腰になり蓮台を差し出す観音菩薩《かんのんぼさつ》、続いて両掌を合わせ良忍に挨拶する勢至菩薩《せいしぼさつ》、背後で二体の菩薩が両手を広げ、楽の音に合わせて踊っています。良忍の往生を祝福するがごとくです。二本の棒を持ち、糸に通した何枚かの金属板をゆすっている菩薩があります。珍しい楽器なので、もと春日大社権宮司の岡本彰夫氏に尋ねると「拍板《はくばん》」といって、中央アジア独特の楽器で、涼やかな音色を奏でるも、わが国へは渡ってこなかったと教えられました。二層の楼閣《ろうかく》が雲に乗って降りてきます。「観無量寿経」に説かれた上品上生《じょうぼんじょうしょう》さながらの来迎相です。画面に現れた菩薩は十五体。あとの十体と阿弥陀如来は雲に隠れて見えません。

良忍入滅後、三善為康によって著された「後拾遺往生伝《ごしゅういおうじょうでん》」に

二十五菩薩の来迎相。琵琶の後ろが拍板

はる風や順禮ともかねり供養　　小林一茶

ここに融通大念仏寺と云ふ寺あり。練供養のありし
と見えて其の橋がかりあり

「一茶紀行」より

は、臨終七日以前ニ及ビ病悩平癒ス。沐浴香潔シテ五色糸仏手ニカケ念仏オコタラズ云々とあります。阿弥陀像と差し向かいになり、胸前に結ばれた説法印に五色の糸を掛け、その端を握って往生を遂げたというのです。藤原道長もこの作法で入滅したと伝えられています。境内の蓮池に時ならぬ竜頭船《りゅうとうせん》が浮かび、舳《へ》先に立った観音菩薩が良忍に向かって微笑まれたという弟子の報告もありました。

二十五菩薩の来迎は、毎年五月一日より五日まで、大阪市の大念仏寺で行われる「万部会《え》」で、役僧が菩薩面をかぶって再現いたします。融通念仏宗の本尊は「十一尊天得如来」といい、一仏十菩薩の来迎図でありますが、阿弥陀仏を取り巻く十体の菩薩は二十五菩薩の中から選ばれたものと考えられます。

大念仏寺の万部会おねり（菩薩練供養）

覚厳律師の夢枕に立つ良忍

覚厳律師の夢

詞書

大原の覚厳律師《かくごんりっし》が、ある夜雲に乗って微笑んでいる良忍の夢を見た。良忍曰く。私はかねての願いが叶えられ、上品上生《じょうぼんじょうしょう》（最高の往生相）を遂げた。これひとえに融通念仏の功力《くりき》によるものであった。

絵解き

覚厳律師とは藤原家房の子。延暦寺の已講《いこう》（名誉教授）を務めた学僧で、同じ大原に住み、良忍とは親友の間柄でありました。その親友の夢枕に良忍が現れたのです。

良忍が私淑していた横川《よかわ》の源信僧都（平安中期の人、『往生要集』の著者）は二十五三昧式といって、二十五名の同志を募り、念仏を行じて往生を願う一種の念仏講を始めました。その会則に、同行者の臨終には会員の誰かが看取《みと》りをなし、死後往生ができたかどうか、何らかの方法で会員に知らさねばならないという一項があります。良忍は叡山時代この三昧式にかかわった形跡があり、その会則にあやかって覚厳律師に夢告げしたものと思われます。前述の「往生伝」には覚厳律師のほか、二祖となった厳賢《ごんげん》上人をはじめ三十余名の夢枕に立ち、往生を告げたと記しています。これだけ多数の人びとに往生を告げたということは一種の復活にほかならず、この奇瑞が広まって人びとはますます信心を深め、勧進活動に拍車を掛けたことは申すまでもありません。

下巻

仏ノ光明ハアマネク十方ノ世界ヲ照ラシ、念仏ノ衆生ヲ摂取シテ捨テタマワズ

光明遍照

詞書

阿弥陀如来の光明《こうみょう》はあらゆる世界を隈《くま》なく照らし、念仏を唱える衆生をすべて救い取って一人として洩《も》らすことがない。一万三千体もの仏像や高さ十丈（約三十メートル）に及ぶ黄金仏を十度にわたって造像供養するよりも、阿弥陀仏の名を一度でも唱えるほうがはるかに功徳が大きい。（以上詩偈）

絵解き

中央に阿弥陀如来座像。頂上に高僧、左回りに尼僧、女房、修験者《しゅげんじゃ》、武家、在家入道、公家《くげ》、小児、貧者、律僧とさまざまな階層の者十人を描き、二重光背をつけた如来が眉間《みけん》の白毫《びゃくごう》（旋毛）から十本の筋光明《すじこうみょう》を放ち、これらの人びとを照らしています。

夜になると月が出ます。いかにこうこうと照りわたっていても、家の中に居ては分からない。表へ出て空を仰げば美しい月光に照らされます。仏の光明も同じこと、救いの光りは昼夜を問わず、あらゆる世界あらゆる人びとの上に隈なく降り注がれています。けれども念仏を唱えなければ仏の存在も仏の光りも分からない。仏の誓願を信じ、念仏を唱えることによって初めて大悲の光

鳥羽上皇、諸僧綱を勧進する

明に浴することができるのであります。この経意をマンダラ風に現わし、下巻の口絵としたのがこの図です。

一仏と一仏を取り巻く高僧はじめ十人の居ずまいには、何となく良忍が感得した十一尊仏を連想いたします。めいめいに付き添う小仏は念仏の象徴です。原本に近いクリーブランド美術館本には高僧が巻軸を広げて経を読み、貧者の前には致施行人《ちせぎょうにん》が立て膝で座り、匙ですくって粥《かゆ》を与えています。

二偈めは、文字どおり計り知れない造像供養をするよりも、念仏を一遍唱えたほうが功徳がはるかに大きいと教えています。

上皇の勧進

詞書

鳥羽上皇はご在位中、良忍の融通念仏に結縁《けちえん》し、日々百遍ずつ称名念仏を続けてこられた。が信心ますます増長し、百遍を千遍に引き上げて日々怠りなく勤められた。のみならず諸僧綱《そうごう》（官僧）にも呼び掛け、この念仏衆に加入させられた。

絵解き

京都南郊にある城南離宮の一角です。御座所には鳥羽院が繧繝《うんげん》べりの上畳《あげだたみ》に座り、御簾《みす》を巻き上げて二人の僧に話し掛けておられる。前の僧が名帳を広げ記入しています。さわやかな池泉が寝殿を取り巻き、釣殿《つりどの》には公家と仕丁《しちょう》が控えています。池には木舟が一隻もやってあって、タポタポとのどかな音をたてています。

私はこの絵を見て最初、日課念仏ご加増の知らせを受けた良忍

城南離宮の光景。上皇の呼び掛けに応じて、どこかの高僧がやってきた

が、伴僧を一人連れて参内《さんだい》し、上皇に拝謁《はいえつ》して名帳の遍数を改めている情景かと思っていました。ところが二人とも項《うなじ》（首のうしろ）に三角形の衿《えり》を立て、袴《はかま》をはき肩から五条袈裟《げさ》を掛けています。どう見ても以前参内した良忍のイメージとはほど遠い。そこで詞書をもう一度読み返し、「諸僧綱《そうごう》におおせられ、盛んにこの念仏に入らしめ給ひけり云々」の一節で納得《なっとく》いたしました。二人の僧は良忍主従でなく、上皇の呼び掛けに応じてやって来たどこかの高僧だったのです。

名帳といえば良忍ひとりか、せいぜい内弟子若干《じゃっかん》が持ち歩き、入会《え》を呼び掛けていたという印象がぬぐえません。けれども実際はそうでなく、もはや融通念仏が各地に広がり、世間の話題になってきたこの段階では、各層々にわたって良忍に代わる勧進元《かんじんもと》がおり、それぞれが名帳を広げて入会を募《つの》っていたはずです。あとに出てくる別時念仏会の「番帳《ばんちょう》」も名帳に順じたもので、最終的には大原へ集まり、来迎院の如来蔵に収納されたとみるべきでありましょう。鳥羽院も勧進元の一員として名帳を預かり、自身の念仏を増やし、かつなじみの僧綱に呼び掛けてこの念仏衆に加えられたと考えられます。もちろん上皇の勧進は諸僧綱にとどまらず、近習やそば仕えの女房、命婦、朝廷出仕の文武百官に及んでいたことは想像にかたくありません。

昭和五十三年（一九七八）、関西大学研究班が城南宮跡（近鉄京都線竹田駅下車）の発掘調査を行いました。そのさい寝殿や園池の遺構が見つかり、改めてこの絵の確かさが立証されました。新聞メディアで話題になったことを覚えています。

境内の片隅で庶民の女が念仏会にあやかっている

百日念仏

詞書

広隆寺の女院がこの念仏を受け、法金剛院《ほうこんごういん》で百日のあいだ融通念仏会を催された。その後もこの寺に二名の常在僧を置き、御願寺《ごがんじ》として日夜不断の念仏会を続けられた。

絵解き

京都法金剛院における融通念仏会《え》の賑わいです。広隆寺の女院とは鳥羽上皇の妃、待賢門院《たいけんもんいん》のこと。夫君の勧進活動や信心の篤さを見せつけられ（そのように解釈して）、わらわも負けじと、取り巻きや貴顕に呼び掛け、三月《みつき》にわたる大念仏会を開かれたのでした。被衣《かつぎ》を着た女房がお伴を連れてやって来ました。境内の片隅では庶民の女が座り込み、小児も交えて念仏会にあやかっています。院司のひとりが駆けつけてきて、廻廊に控えた公家風の男に何ごとか告げています。

「女院が到着された」

とでも言っているのでしょうか。法金剛院はJR山陰線の花園駅下車すぐ。蓮花の寺として知られています。

わが日本《ひのもと》に鎮座ます　伊勢や春日石清水《いわしみず》
八百万《やおよろず》の神々に　鳥羽の上皇女院《にょいん》と
百官道俗もろともに　皆ことごとく融通会《ゆうづうえ》に
帰入《きにゅう》したまう称名《しょうみょう》は　わが同行《どうぎょう》の友なれば
彼方此方《あなたこなた》の隔《へだ》てなく

良鎮上人作「融通和讃」の一節

法金剛院における百日念仏会の賑わい

出家受戒の功徳は八万四千の塔を造るにも勝れたり。或いは一日一夜の出家修道の功徳を以っての故に、二百万劫悪道に堕ちずと説き給へり。

今、女大施主如来の御弟子と成り給ふは、是れ則ちその時の至れるなり。永く悪趣の生を離れて、菩薩の彼岸に至り給ふこと疑ふべからず。

良忍上人作「出家作法」曼殊院本より

道経女子の出家

詞書

和泉前司道経《みちつね》の女子が出家して来迎院を訪れ、良忍のもとでその日に剃髪《ていはつ》。袈裟《けさ》ころもを着用していっぱしの僧形となった。法名を自ら「如々《にょにょ》」と名乗り念仏三昧の日を送った。臨終には西に向かって手を合わせ、見事な往生を遂《と》げた。

絵解き

道経の女子が庭に向かって端座し、四人の僧に囲まれて黒髪を下ろしています（絵52ページ）。剃刀《かみそり》を当てているのは良忍の高弟。背後で経を唱え彼女を見守っているのが良忍です。年端のいかぬ下僧がふたり介添《かいぞ》えに回っています。一人は角《つの》だらいに水を注ぎ、手ぬぐいと水瓶《すいびょう》を持って控えています。もう一人は彼女に寄り添い黒髪をたぐっています。どことなく独身者らしい胸のときめきが感ぜられます。

仏教では出家入門が許されると沙弥《しゃみ》（尼）といって、俗体のまま一定の見習い期間をもたされます。剃髪がかなわず、沙弥のまま生涯を過ごす者も少なくなかったということです。如々尼は即日出家。それもおかっぱ風に落飾する「尼《あま》そぎ」でなく、男僧《なんそう》なみのツルツル頭を所望しているのです。よほどの事情がなければこうはまいりません。

そもそも和泉前司道経とはどういう人物か。泉州（大阪府）あたりの元地方長官だったのでしょうか。道経の女子とは、はたして妻女か娘か。氏素性に関しては一切不明です。関係文書にも他の資料にも一切見えません。そこで私はこのブランクにつけこ

道経女子の剃髪。後方で見守っているのが良忍

み、絵解きに対する読者の興味をつなぐため、良忍の亡女得脱《とくだつ》伝説と謡曲「三山《みつやま》」を手掛かりとして道経の女子、すなわち如々尼の差し迫った出家得度の謎を探ってみたいと思います。

良忍が大和三山のひとつ、耳成山《みみなしやま》の麓を歩いていると、古池のほとりから突然亡女が現れ

「わらわはこの辺りに住まう桂子《かつらこ》と申す者。夫かしわでの公成《きみなり》が桜子《さくらこ》と申す小女《こおんな》にうつつをぬかし、わらわに対して打つ蹴る殴るの乱暴ろうぜき、嫉妬狂乱のあげくこの池に身を投げました。恥ずかしながらいまだ妄執から心覚めやらず、冥土《めいど》の旅で難渋いたしております。上人さまの御回向《えこう》で何とぞお助けを…。」

と涙ながらに哀願するのでした。良忍はそれは大儀、と亡女をなぐさめ、念仏を勧めて生死《しょうじ》の苦しみから解放させました。

室町時代の能本作者世阿弥元清《ぜあみもときよ》はこの話に興味を抱き、万葉集

巻一

香具山《カグヤマ》ハ畝傍《ウネビ》男々《オオ》シト　耳梨《ミミナシ》ト相諍《アイアラソ》ヒキ。神代ヨリカクナルラシ。古モ然《シカ》ナレコソ。ウツソミモ、妻ヲ争フラシキ

と詠われた中大兄《なかのおおえ》皇子の御歌を下敷きとして、耳梨（成）山を桂子《かつらこ》、畝傍山を公成《きみなり》、香具山を桜子《さくらこ》に見立て、三角関係をテーマとした謡曲「三山《みつやま》」を作りました。乱心した母親が嵯峨清涼寺で曲《くせ》舞いを舞い、生別したわが子と巡り会う「百万」（75ページ参照）や、神名帳ゆかりの「融通鞍馬」も確か世阿弥の作だったと思います。

「三山」では終わりがた亡女の桂子を再登場させ、うわなり打ち（後妻打ち）といって、木の枝で桜子を打擲し、入水《じゅすい》の仇をと

如々尼の臨終。縁先に背を向け一人の男性が座っている

らせる場面があります。負け犬となった桜子は公成を頼りに暮らしてきましたが、因縁因果はげに怖《おそ》ろしきもの。のち桜子も公成の放蕩《ほうとう》無頼《ぶらい》に悩まされ、桂子と同じ運命をたどることとなりました。彼女は桂子の無念を思うと悔悟の念にさいなまれ、良忍のもとへ参じて懺悔《さんげ》の剃髪を願いました。この桜子のなれの果てこそ、ほかならぬ道経の女子すなわち如々ではなかったか――。私には桜子と如々尼の人生をだぶらせて考えることにより、彼女の出家剃髪がリアリティーをもって迫ってくるように思われてならないのです。

如々尼の臨終

絵解き

如々尼の臨終です。二人の女性に付き添われ、西壁に三尊仏の画像を掛けて弥陀の来迎を念じています。蓮弁が空を舞い、庭の向こうに紫雲《しうん》がたなびいたかと思うと、まず観音が降り立ち、彼尼を蓮台の上に救い取ります。

縁先に背を向け一人の男性が座っています。目がしらに手を当てて如々尼の最後を見守っています。まさかあの公成ではないと思いますが、臨終間近と聞きつけ、前非を悔いてやってきた公成とみれば、如々尼の臨終はさらに劇的となり、読者の興味をそそらずにはおきません。

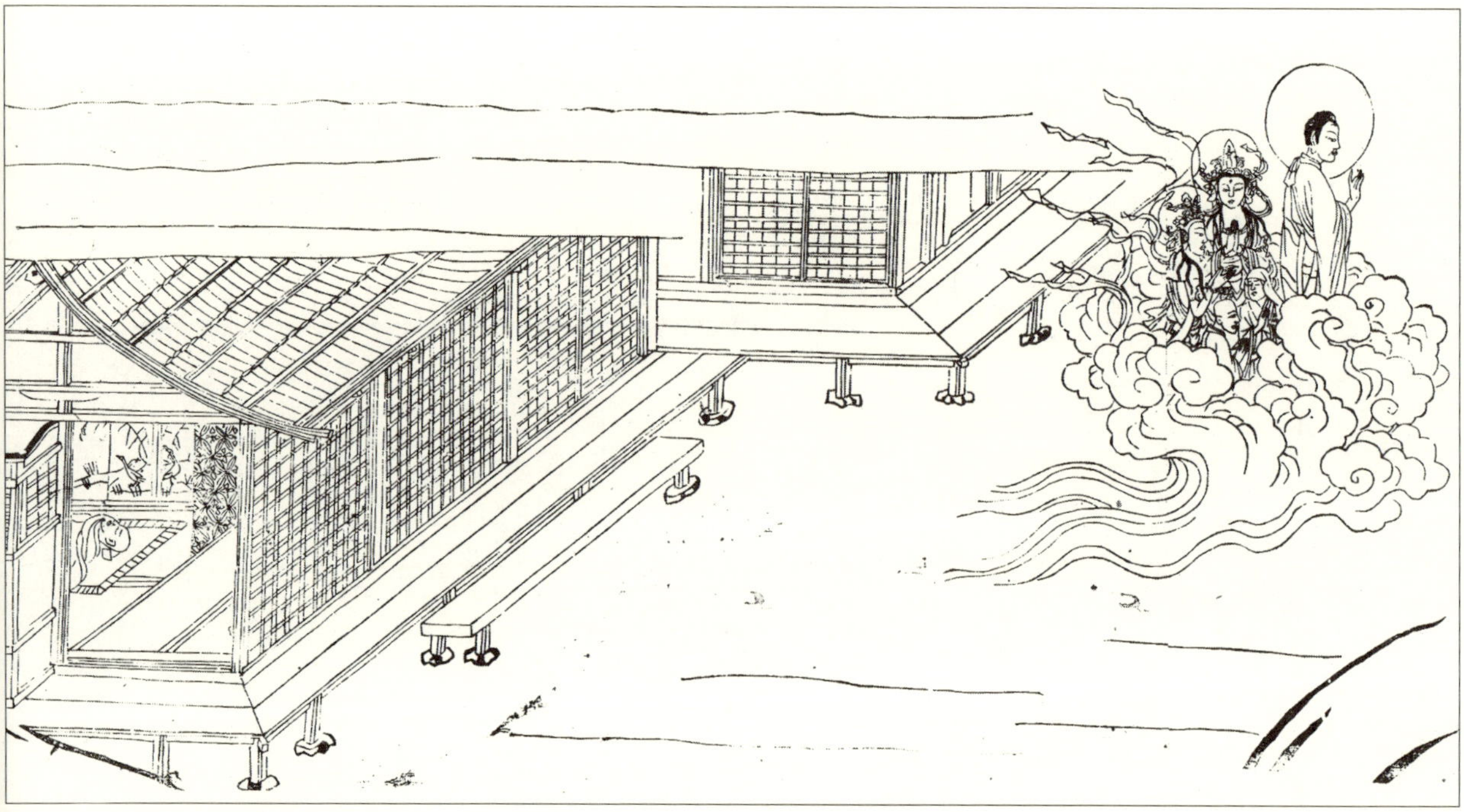

心源父母の往生。珍しい還り来迎図

父母往生

詞書

城南寺の供僧《ぐそう》心源が、父母孝養のためと一日三千遍の念仏を誓った。日々称名に励んでいたが、そのかいあってかある夜のこと、父母がそろって往生を遂げた夢を見た。

絵解き

住房の一室で衾《ふすま》をかぶって寝ているのが心源。本堂上空にひとかたまりの雲がただよい、心源の父母が阿弥陀仏と観音、勢至菩薩に守られて往生する夢のありさまを描いています。観音菩薩の膝の前で雲にさえぎられ、見えつ隠れつする両親の姿を見落とさないでください。

一般に「来迎図《らいごうず》」といえば、浄土のかたから三尊仏なり二十五菩薩なりが、雲に乗って臨終行者のもとへ降りてくるいわゆる「聖衆《しょうじゅ》来迎図」を想像いたします。これはその逆、救い取った行者を雲に乗せ、浄土へ送り届ける「還《かえ》り来迎」を描いています。還り来迎はどちらかといえば数少ない来迎相ですが、すでに奈良時代、伝説で名高い中将姫《ちゅうじょうひめ》が感得した蓮糸曼荼羅《まんだら》の中品《ちゅうぼん》往生段にはこの還り来迎が見受けられます。

安於木の尼公

詞書

安於木《あおき》の尼公がこの念仏衆に加わり、めでたく往生を遂げた。

来迎仏を仰ぐ安於木の尼公

絵解き

またも尼僧の臨終図です。縁起の作者はよほど尼僧の臨終にこだわっているのでしょうか。もっとも仏教ではこの世は仮の宿り。臨終こそ真実世界への門出《かどで》と考えますので、尼僧であろうと誰であろうと臨終行儀を軽視するわけにはまいりません。前々段で紹介いたしました如々尼も、安於木《あおき》の尼公も、端座合掌して仏の来迎を仰いでいます。尼公の場合には介添僧が立ち合い、磬《けい》を打ち鳴らして途絶《とだ》えがちな尼公の念仏を励ましています。

ところで安於木の尼公とは誰か。先の如々尼と違って出自《しゅつじ》はもちろん入門のいきさつさえ分かりません。ただ尼でなく「尼公《あまぎみ》」と呼ばれていますので高貴な出自に違いない。高貴な家がらに生まれ、良忍を慕って出家までした女性、といえば誰があるでしょうか。私にはひとり白河院の女房で尾張守高階為遠の娘、尾張《おはりの》命婦《みょうぶ》の面影が浮かんでまいります。彼女は今様《いまよう》（はやり歌）の歌手で、声明との関わりから良忍を慕い、しばしば大原を訪ねていました。

或るとき所用があって登山が遅れ、大原へ着いたころには日もすでに暮れがたで、来迎院の本堂から夕時勤行《ごんぎょう》の声が聞こえてきた。彼女はとりあえず庭の枝折《しお》り戸《ど》にもたれ、茜《あかね》色に染まった杉木立を眺めていましたが、フトこれから授業を受ければ夜遅くなり、一泊を余儀なくされる。うら若い女性がひとり男僧《なんそう》寺院で宿泊すれば、どこに目があり、どのような事態を招くことになるのか、おそらく上人の身の上によからぬ噂が立ち、上人を苦しめるに違いない。残念ながら今日の授業は諦《あきら》めるほかはない――と考

良忍と尾張命婦。元禄版本「両祖師絵史伝」より

え枝折り戸を閉じて帰りかけようとした。すると本堂の明かり障子がカラリと開き、良忍が顔を出して「そなたの気持ちはよく分かった。ご高配はありがたい。けれども勉強は積み重ねが大切。一日休めば一日の（向学心の）退心である。心配はご無用にしてサァ、いつものように勉強しよう」と平然として彼女を居室へ通し、楽譜を開いて夜半まで授業を続けられたということであります。

この尾張命婦こそ晩年良忍のもとで得度し、安於木の里で庵《いおり》を結び、めでたく往生を遂げた安於木の尼公その人ではなかったかと想像いたします。授業の話は鎌倉時代の説話集「十訓抄」「古事談」等にも紹介されています。

余談になりますが、ここで良忍の持戒（規律を守る）についてひとこと述べておきましょう。良忍は叡山時代、三井寺の禅仁大《ぜんにんだい》徳《とく》から大乗仏教の生活規範とされる「円頓菩薩戒《えんどんぼさつかい》」を受戒。「出家作法」「略布薩《ふさつ》次第」等を著して自身を戒《いまし》め、人びとにも受戒を勧め、月二回布薩会（反省会）を開いて日々の罪障を懺悔いたしました。孫弟子にあたる本成坊《ほんじょうぼう》は「平家物語」で有名な建礼門院を得度させ、授戒の師となっています。

人に接するに春風のごとく、自己を律すること秋霜のごとし。尾張とのいきさつも、持戒堅固な良忍にして初めて可能な一幕であったといえましょう。

難産と名帳勧進。元禄版本「融通大念仏縁起」より

念仏とお産

詞書

木寺《もくじ》の源覚僧都に仕える牛飼童《うしかいわらわ》の女房が、難産で死ぬほどの苦しみに見舞われた。けれどもこの念仏の仲間に加わったおかげで命拾いをした。この噂を聞いて名帳に加入した者が二百七十二人の多きにのぼった。

絵解き

融通念仏縁起は下巻から念仏の功徳を紹介しています。まず如々尼、心源父母、安於木の尼公と往生譚が三つ続けて出てまいりました。この段から以後は少しく雰囲気が変わり、現世利益的な念仏の霊験譚に移ります。往生すなわち往《ゆ》く人の話がすめば、次はこの世にやって来る出産の物語です。

ここは都の街はずれ。往来に面した棟割長屋《むねわりながや》が舞台です。牛飼童の家では女房のお産が始まっています。牛飼童とは今でいうお抱《かか》え運転手。土間に牛の顔が見えます。

昔のお産はすべて座産《ざざん》です。藁《わら》の上に腰をおろし、天井からぶら下がった産綱につかまって分娩いたしました。女房は頭にはち巻きを締め、陣痛の苦しみにウンウン唸《うな》っています。女性が二人、両脇から女房のからだを支え、口ぐちに彼女を励ましています。昔から座産には亭主が立ち合い、後ろから女房を抱えて生ませたものだそうです。牛飼いも、初めは女房を抱えていたのでしょう。けれどもことのほか難産となったので、駆けつけた女どもにその介抱を任せました。

難産といえば、亭主が臼《うす》や鍬《くわ》を担いで家の周《まわ》りを廻ったり、屋根

牛飼童の女房が難産に苦しみ、名帳に結縁して命拾いをした

裏から甑《こしき》（せいろう）を落として安産を祈る習わしがありました。宮中《きゅうちゅう》でも「こしき落とし」といって、皇子を望むときは南へ、皇女のときは北へ落として安産を祈ったということであります。

牛飼童にはその形跡がなく、ミセの間にへたりこんでオロオロと女房の難産を見守るばかり。そこへ偶然にも融通念仏の勧進聖が通りかかりました。牛飼童の仕える木寺の源覚僧都は平安末期の僧綱だったので、この聖《ひじり》は良忍か、良忍の直弟子と見てよいのではないでしょうか。聖は長屋の騒ぎを聞きつけ、さっそく座敷へ上がりこんで名帳に女房の名を記し、牛飼いを励まして念仏を唱えました。しばらくすると産室が静まり、やがて活発なうぶ声が上がりました。元気な赤ン坊が誕生したのです。

絵を見てください。ミセの間に座って手を合わせているのが牛飼童です。髯《ひげ》を生やした中年男ですが、下仕えは四十才ぐらいまですべて童《わらわ》と呼ばれていました。騒ぎを聞いた家主が、直垂《ひたたれ》の袖をなびかせて駆《か》けつけてまいりました。親子連れ、腰をくの字に曲げた老婆、棕櫚《しゅろ》うちわを片手に、何ごとならんと長屋のようすを窺う道者《どうしゃ》（旅人）。隣家の夫婦も落ちつかず、妻女がそっと板壁ごしに産室を覗《のぞ》いています。

手前の街道を、塗笠をかぶり馬に乗った上臈《じょうろう》（貴婦人）が、お伴の少年を連れて通りかかります。少年は弓を担いで小走りについて行きます。庇《ひさし》の下では野良犬が騒ぎをよそに寝そべっています。左端では井筒に寄り掛かり、釣瓶《つるべ》を垂らして手伝女が水を汲んでいます。産湯《うぶゆ》を沸かすためでしょう。よく見ると子どもが井筒の上に首を出し母親に甘えています。小川の手前に簡素なそり橋が架かり、突き当たりに四角い板石があります。この上に汚れた衣類を並べ、足踏みで洗濯をするのです。「クリーブランド美術館本」では、乳房をあらわにし、片手で柄杓《ひしゃく》の水をかけながら洗濯する若い女性が板石の上に描かれています。通りがかった旅僧が二人、フト足を止め好色なまなざしを女性に送り、ひそひそと話し合っています。謹厳な絵巻物にもこんな遊びがあるのですね。以上お産のようすや人びとの動向、往来の風物が手に取るように表され、中世の庶民生活を知る上で貴重な資料となっています。

さて難産で苦しんだ女房が、念仏の仲間入りをしたので助かった、念仏のおかげで元気な子を授った、という安産の噂がたちまち近隣に広がり、名帳に加わったものが二百七十二人に及んだということであります。いつわらぬ凡夫《ぼんぶ》の姿を見せつけられた思いがいたします。

融通念仏は「速疾往生」で現世における生まれ変わり、心の幸せを説きます。が、時と場合によっては通俗的なご利益顔負けの実利的な霊験に遭《あ》わせることもあるのです。難産で命拾いをした女性の話を聞いて二百七十二名の同行衆（信者）が増えたとか。いつわらぬ凡夫《ぼんぶ》の姿を見せつけられた思いがいたします。不思議な世界はまだまだ続きます。

閻魔の庁

詞書　北白河に住む身分の低い僧（半僧半俗の沙弥《しゃみ》）の妻が、死後閻魔《えんま》の庁へ追いやられ、苛酷な裁判を受けた。ところが生前、名帳に加入し、日課三千遍の念仏を唱えていた事実が判明したので即刻この世へ戻された。

父母、師長、妻子、朋友など故人の菩提《ぼだい》を弔《とむら》いたいと思えば、亡者の名前を名帳（過去帳とも）に記し、亡者に代わって念仏を唱えるとよい。亡者は自分が唱えた念仏と受け止め、相即して広大な利益を受ける。たとえ亡者が地獄に居ても釜の中に蓮花が生じ、差別なく往生を遂げるのである。

そもそも同行者を募《つの》るいわゆる勧進活動は、経文《きょうもん》には衆生教化の根本、論書には仏心にかなった尊い行業であると讃えられている。「龍舒《りゅうじょ》浄土文」には二人を誘えば精進の徳、十人を誘えば福徳無量、百人千人を誘えば菩薩に等しく、一万人を超えれば阿弥陀如来に等しとしか言いようがない、とある。

大唐代州の房翥《ぼうしょ》という人は、死後閻魔の庁へ送られたが、生前ひとりの老人に念仏を勧め往生させたことが分かり、その功徳によって「あなたも必ず往生を遂げる」と褒《ほ》められ、冥土よりこの世へ戻されたということである。

絵解き　恐ろしい閻魔の庁が現れました。猛火に包まれた破れ釜があり、煮えたぎった湯の中に二本の蓮花が咲いています。北白河の妻女と房翥の浄業、ひいては父母兄弟など縁者の回《え》向《こう》によって大釜が破れ、念仏の功徳によっていかなる亡者も救われるという詞書の意を、象徴的に表した点景です。余談になりますが、この絵は大乗仏教の面目とされる「煩悩即菩提《ぼんのうそくぼだい》」、わずらい悩みがそのまま開悟の縁となる、という教えの示唆《しさ》として味わ

閻魔の庁。亡者に礼拝する冥官、獄卒たち

うこともできましょう。

それはともかく、続いてお白州《しらす》です。いちだんと大きく唐服をまとった閻魔大王。閻魔を囲んで同じく唐服を着け笏《しゃく》を持った冥《みょう》官《かん》、誇らしげに筆を振るう記録係の司録。右側には太刀を抜こうと身構える獄卒。獄卒の前に獣頭人身の鬼どもが座り、奇妙な唸《うな》り声を上げて亡者の出廷を待ち構えています。

やがて閻魔の破れ鐘のような呼び声が響き、素裸にされた北白河の妻女と大唐代州の房翥が、もう一人後ろ手を縛られた亡女とともに大王の前に引き出されました。大王は一人ひとりの名を確かめ苛酷な取り調べを始めました。三人は恐ろしさに声もなく、ただワナワナと身震いするばかり。妻女と房翥の周辺に湯気のようなユラユラを書き添え恐怖感を表しています。

さて三人の生きざまが問われ、取り調べがどんどん進んでいくうちに、おそらく浄玻璃鏡《じょうはりきょう》の片隅にでも映し出されたのでしょうか。妻女と房翥が生前に積んでいた浄業が分かり、開廷史上初のどんでん返しが起こります。房翥は念仏を勧めて老人を救った妙好人。当の妻女は融通念仏日課三千遍の行者で、神名帳に名を連ねた冥官十王とは同行同伴、いわば友だち同士の間柄であったのです。

「二人の浄業を見過ごし詮議に及んだ段、誠に申し訳ない。ひらにお詫び申し上げる…」

大王は椅子から降りてふかぶかと拝礼し、冥官ともども妻女と房翥に陳謝いたしました。記録係の司録も、血の池地獄か針の山かと手ぐすね引いて待ち構えていた獄卒や鬼どもも、意外なてんまつに驚きの声を上げます。一同うちそろって手を合わせ、お詫《わ》

閻魔の庁。浄玻璃鏡がある。元禄版本「融通大念仏縁起」より

びの拝礼を繰り返すばかりでありました。

鎌倉時代の「春日権現験記《かすがごんげんけんき》」には、春日明神の前に閻魔がひれ伏し、興福寺で得度した雛僧《ひなぞう》の母親を赦免する場面があります。善光寺の関係資料にも確か冥官の拝礼場面があったと記憶しています。けれども神や権現でなく、今まで叱りつけていた亡者に対し、一転して拝礼する場面など見たことがありません。威嚇する閻魔と、深ぶかと拝礼する冥官を取り合わせ、異時同図法で表現した不思議な構図で、物語としても面白く貴重な資料というべきでありましょう。

さて事情が分かれば妻女と房翥のユラユラも何となく功徳の光というかオーラに見えてきます。オーラをつけない右端の女性はいぜんとして両手をくくられ身動きもできません。どんな罪を犯したものか、可哀相《かわいそう》に間もなく獄卒の責め苦に遭《あ》うことでありましょう。妻女と房翥は服装を整え、裟婆世界に送り返されることとなりました。

蘇《よみがえ》り

絵解き

無罪放免となった北白河の妻女は、二人の冥官に付き添われ裟婆世界のわが家に戻ります。いつの間にか白衣を着、ときどき振り返って冥官に道を尋ねています。ひとたび冥土に赴《おもむ》けば、住み慣れたわが家の在りかも忘れてしまうものなのでしょうか。先を行く冥官が北白河の家を指しています。後《あと》の冥官は細長い木札を担いで付いてまいります。日課三千遍の念仏同行

北白河の居宅へ戻る妻女と蘇生した彼女に驚く人びと

衆に間違いないむね、司録が書いた簡札です。閻魔の計らいで持たせたものでありましょう。

さて舞台は暗転し、こちらは北白河にある妻女の居宅です（絵左側）。身内の者が集まって亡きがらを囲み、深い悲しみに閉ざされています。上がりがまちに寝棺《ねかん》が見えます。夜になって尼を招き、花や線香を供えて通夜《つや》の準備にかかろうとしていました。その矢先のこと、亡きがらがムクムクと動き出し妻女が息を吹き返したのです。一同びっくり仰天《ぎょうてん》。子どもたちは悲鳴を上げて逃げ出しました。尼の取りなしでようやく騒ぎが収まり、人びとは妻女が話す不思議な物語にただただ驚き、嬉し涙にかきくれたのでありました。

妻女の蘇《よみがえ》りは世間の評判となり、好奇心も手伝って僧、武家、女房連中がぞろぞろとやってまいりました。揉《もみ》烏帽子をかぶり応対に追われているのはたぶん妻女の夫。下僧（沙弥）につきまだ俗体でいます。人びとは壁に立て掛けられた簡札を見て、いまさらのごとく念仏の功力《くりき》に感嘆するのでした。

キリストは十字架で磔殺《たくさつ》され、墓に葬られて三日目に蘇《よみがえ》り人々に数かずの奇蹟を示された。釈迦は老衰のため沙羅双樹《さらそうじゅ》の下に横臥し、弟子や動物に見守られて静かに息を引き取った。キリストに較べてずいぶん穏やかな死にざまでありますが、釈迦にもキリストと同じ復活説があるのをご存知でしょうか。釈迦の母マヤが遅刻して息子の臨終に間に合わなかったので、棺にすがって泣き崩れていると、突然棺のふたが開き、釈迦が蘇って母のために説法されたというのです。たとえば京都府の長法寺に伝わった平安末期の「金棺出現図」（国宝・京都国立博物館蔵）にはこの奇瑞が美しく描かれています。

わが国の仏葬には俗に「さんぶつ」といって、菩提寺の住職が二名の脇僧を従え、式次第を進める葬送形式があります。このさんぶつでは、主僧の引導《いんどう》に先立ってまず右脇僧が棺前に進み出、「鎖龕《サガン》ノ一句ソモサン諦聴《タイチョウ》々々」と挙唱、朱扇で棺を一打して短い法語を唱えます。続いて左脇僧が「起龕《キガン》ノ一句ソモサン諦聴々々」と挙唱して前僧と同じ作法を繰り返す。鎖龕とは棺のふたを閉じること。起龕とは一度閉じた棺のふたを開けて亡者を呼び覚ますこと。いずれも金棺出現の奇瑞にあやかって、納棺した亡者を再び蘇らせるのです。遺族の切実な願いに応《こた》えた古来の仏教習俗と言えましょう。

明治十九年（一八八六）、飛騨高山のしがない商家にひとりの女児が誕生しました。平野しげといい、年頃になって東京のさる中流家庭に嫁ぎましたが、三十四才のとき急性肺炎に見舞われ突如絶命いたしました。家族は動転し、医者を呼ぶやら訃報に走るやら、悲しむ間さえなくあたふたしていると、四時間後しげはどこ吹く風と蘇生して一同を驚嘆させました。北白河の妻女は知らず、しげの場合、四時間もたって生き返ったとは奇跡としか言いようがありません。が、さらに驚くべきことは、もともと無学文《もん》盲《もう》に近かった商家出身の一主婦が、蘇生後は一変して仏門に帰依し、臨死体験をベースに信仰と人の道を説き全国を行脚《あんぎゃ》、「如来卍志希女」とあがめられたことでした。筆者の自坊徳融寺へも再三来駕され、噂を聞いた人びとや、高畑町（現奈良教育大学周辺）にあった陸軍三十八《さんぱち》連隊の兵士や付近の住職たちも多数詰めかけ、寺では境内に桟敷《さじき》を設け参詣者を迎え入れたということです。食事は豆ほどしかとらず、法話の合間には仏の名号や道歌を揮毫《きごう》、人びとは争って所望いたしました。自坊にも何点かの墨書が残されており、境内には肖像を刻んだ供養石碑が立っています。裏を見ると昭和三年（一九二八）六月廿七日寿四十二才円寂とあります。蘇生後十年近く生存された勘定になりますが、改めて彼女の老練な筆跡に驚かされ、常識を超えた不思議を感じずにはいられません。

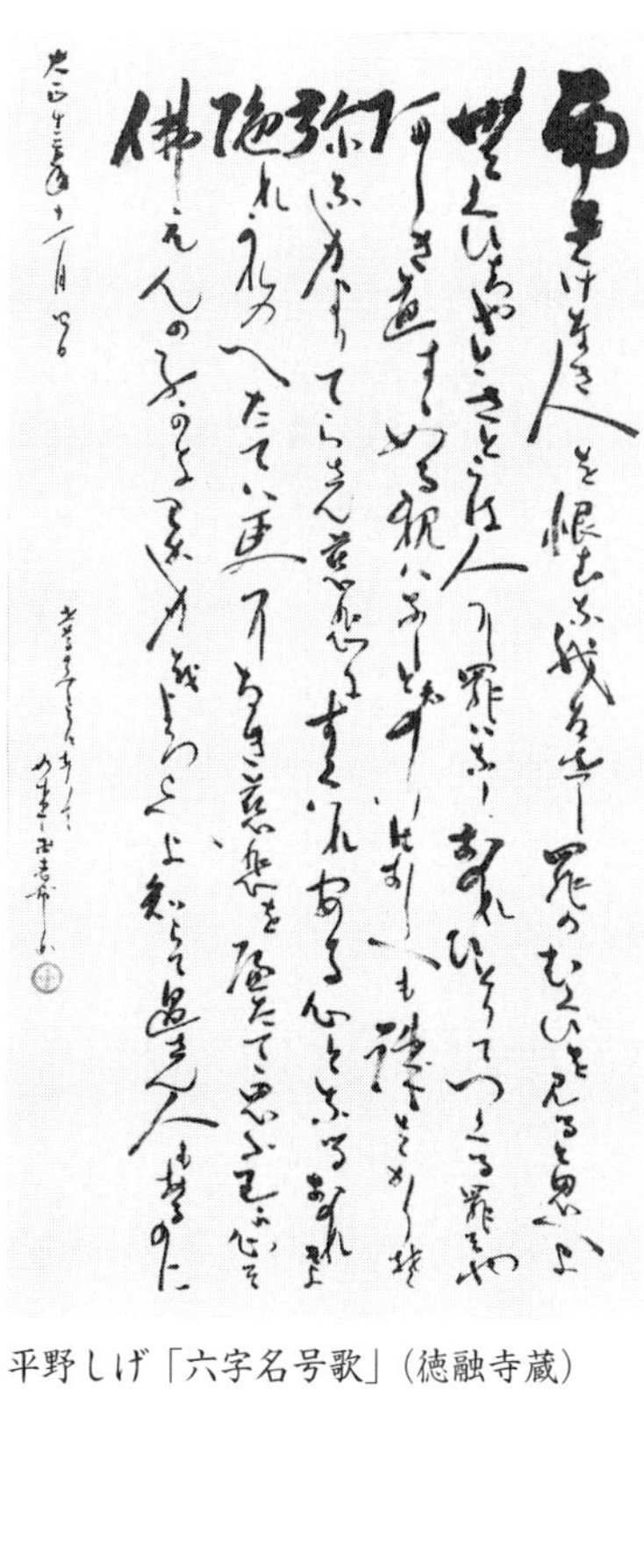
平野しげ「六字名号歌」（徳融寺蔵）

疫病神と別時念仏

詞書

正嘉年間（十三世紀中頃）、疫病が全国的に流行し、人びとが多く死亡した。そのころ武蔵国与野郡（埼玉県さいたま市）に一人の信心深い名主《なぬし》（庄屋）がいて、身内の者を誘い疫病除けの別時《べつじ》念仏会を催すことにした。前日から仏間を掃除

名主宅の別時念仏会

し、参加者の名を「番帳」につけ準備万端整えて床についた。

その夜名主は不思議な夢を見た。奇怪な姿をした疫病神が群がって門前に押し寄せ、屋敷の中へなだれ込もうとしているのだ。驚いた名主は門口《かどぐち》まで走り出て

「明日から身内《みうち》が寄って疫病除けの別時念仏を始める。すでに番帳もこしらえた。もはや一歩も入ること罷《まか》りならぬ。帰れ帰れ」

と声を荒げて追い払った。すると疫神（疫病神）の頭《かしら》が

「分かった分かった。安心せい。参加者には取りつかないから。でも念のため番帳を見せよ」

と名主に迫った。名主は仕方なく仏間へ番帳を取りに行って疫神に渡した。彼等は番帳を見せ合ってなぜか微笑み、参加者一人ひとりの名の下に判形《はんぎょう》（花押か）を書き連ね

「これだけか」と念を押し、示し合わせて立ち去った。

そのとき名主はフト娘のことを思い出し、追い掛けて行って

「待ってくれ。私にはひとりの娘がいる。他家へ嫁《とつ》ぎこのたびの別時念仏会には参加できなかったけれど、彼女の名もこれに書き加えたい」

と頼んだ。すると今まで大人《おとな》しかった疫神どもが急に気色ばみ強く反発した——と見たとたん目が覚めた。

あくる朝、不思議な夢を見たものよ、と仏間へ行って番帳を開けてみると、夢に見たとおり参加者一人ひとりの名の下に認め書きが連ねてあった。どれもこれも疫神のサインらしく、いろはの文字を書き損じたような見苦しい判形で、番帳も疫神の手から手へ渡ったためか、焼き絵のように汚れていた。

疫神に応対する名主のようす

さて問題の疫神は、夢に違《たが》わず周辺の村むらを襲い、隣近所に病死する者が続出した。けれども彼等が言ったとおり、別時念仏に参加した身内の者は全員無事であった。ただ父親の頼みもむなしく、番帳への加入が叶わなかった名主の娘は、疫病にかかって間もなく死んだ。

右の一件はいつしか世間の噂に上り、番帳は将軍家の所望によって一時城中へ借し出されたということである。

考えてみれば疫神といえども毘沙門天の呼び掛けで神名帳に加入した祇園部類眷族《ぎおんぶるいけんぞく》だ。名主の身内と同じ念仏仲間に違いなかった。疫神たちは、仏間を荘厳し、番帳を作って誠心誠意、別時念仏の成満を祈った名主の信心に打たれ、自身念仏会に参加した心地して名主の家を退散したのであった。

絵解き　別時念仏とは阿弥陀仏を本尊とし、人びとが集まって一定期みんなで念仏を唱える文字通りの合唱念仏会。良忍以来、期間はともかく、勧進活動にともなってあちこちで催されていた融通念仏会と同じものと考えてよい。詞書には家内の老少を勧めて、と記されておりますが、絵を見るとさまざまな人が参加しています（絵64ページ）。尼、女房、老僧、農夫、職人。念仏に疲れたのか大あくびをする武家風の男。縁先に腰掛け、糸取りをしながら、ヨチヨチやって来た老婆と何ごとか話し合っている小児の姿など、差し迫った疫病除《よ》けの念仏会とは思われぬのどかな法会のありさまです。ふつう念仏称名には鉦鼓を打って拍子《ひょうし》を取ります。絵にはそれらしきものの姿が見当たりません。たぶん

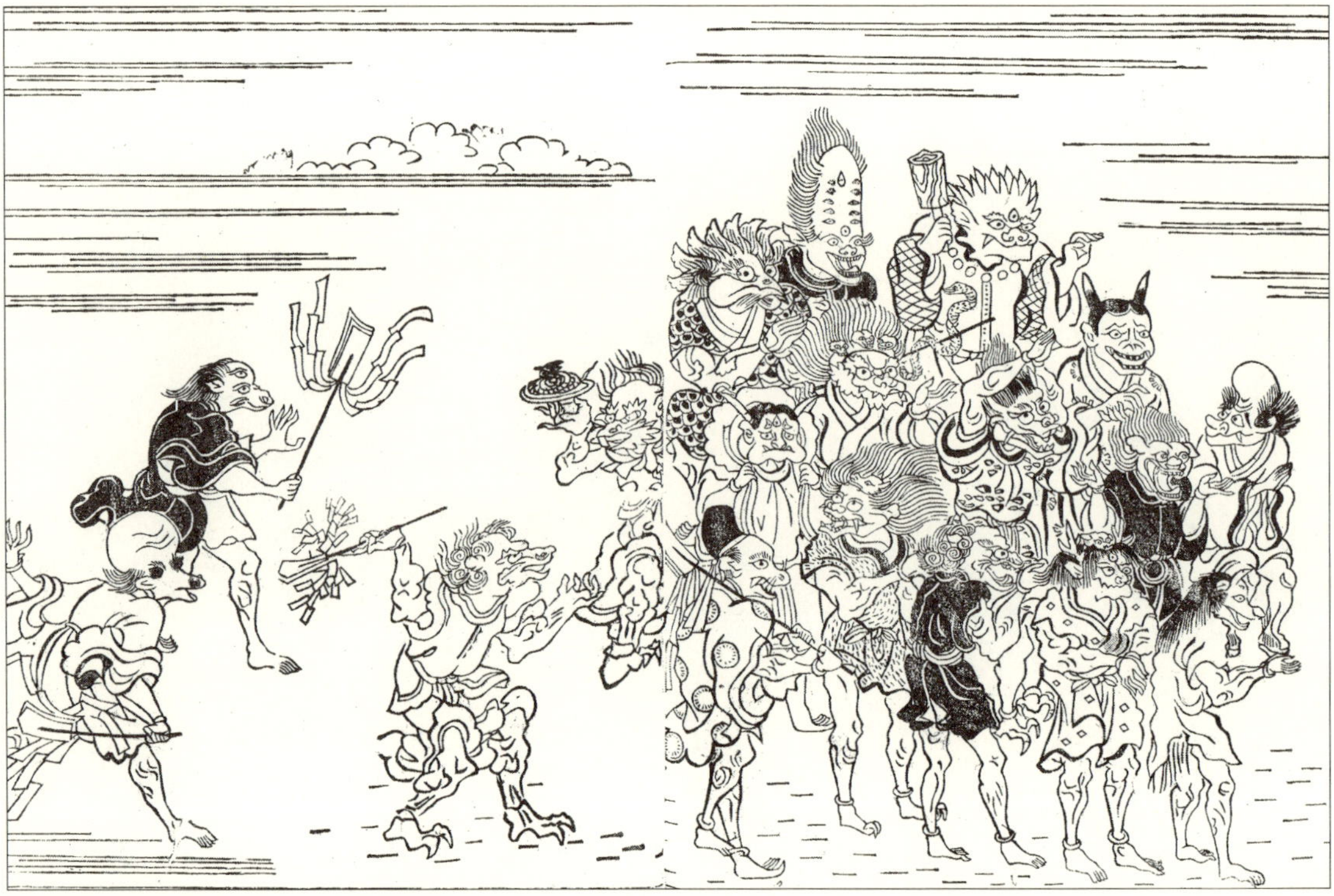

疫神の顔ぶれ。元禄版本「融通大念仏縁起」より

右手壁ぎわに半身を見せて座っている僧が鉦打ちなのでありましょう。

門前には疫神どもが群がっています。髪を振り乱し名主に詰めよる彼らの表情は傑作です。睨《にら》んでいるもの、薄笑い、牛鬼、鶏《けい》頭《とう》、烏天狗《からすてんぐ》、八ツ目の大入道など妖怪さながらの疫神たちが、奇声を発し門内になだれ込もうとしています。名主の足もとに注意してください。裸足《はだし》です。驚いて縁側から飛び出してきた名主のあわてぶりが目に見えるようです。

名主が疫神に差し出した「番帳」とは別時念仏会にかかった経費や心覚えを控えた帳面です。参加者名も控えていますので「名帳」とほぼ同じものと考えて差し支えありません。

ところで疫神が押し掛けたのは念仏会の前夜、名主の見た夢物語のはず。絵には念仏会の最中として描かれているのはどういうわけか、と疑問視する方があるかもしれませんが異時同図法です。本縁起に何度も出てくる構成の妙、夢絵として味わってください。

娘の死

絵解き

門前に群がった疫神の後から同じく獣頭人身で、何ごとかを叫びながら二体の疫神がやってきました。手に御幣《ごへい》を持って振り回しています（絵65ページ）。

戦後アメリカへ渡ったフリーア美術館本には、疫神の中に黒牛に乗った衣冠束帯《いかんそくたい》の貴人が描かれています。左右に従者が付き添い、笹の葉と茗荷《みょうが》の茎を持って貴人に差し掛けています。貴人は

名主の娘の婚家。悲しみに暮れる家族と書状を手渡す娘の主人

疫神の棟梁で摩多羅神《またらじん》といい、祇園八坂神社の祭神牛頭《ごず》天王と同体、京都広隆寺では「牛まつり」といって赤鬼青鬼に囲まれた摩多羅神が牛に乗って登場し祭文《さいもん》を読みます。

明徳版本に摩多羅神は出てきません。御幣《ごへい》を振って駆け付けてきた二体の疫神がその化身《けしん》と考えてよいのではないか、門前に群がった疫神たちの中にも串に刺したお札やお守りをかざした妖怪の姿が見えます。

人畜に危害を及ぼすウイルスや病原体を神格化し、どうして祇園や広隆寺で祀るのか、誰しも抱く疑問です。神道では自然の脅威や怨みをのんで亡くなった人びとの霊魂を慰め、怒りをなだめて守護神とする習わしがあります。細菌を浄化し神として仰ぐ古来の習わしは、まさにこのなだめ信仰で、「祇園祭」「牛まつり」はこの考え方から始まったものとみて間違いありません。

話を戻します。立木を境に広大な屋敷が現れます。名主の娘の嫁《とつ》ぎ先です。番帳に加入できなかった名主の娘は、その後間もなく疫病にかかって亡くなりました。枕元には三人の僧が座っています。祈祷に招かれ最前まで修法をこらしていた寺方でありましょう。が、効験むなしく息絶えたため枕経を上げる結果となりました。主人が取り付きの間で泣いています。縁先にも泣きまろぶ二人の女性。姑《しゅうとめ》と義姉妹かもしれません。右手の廻り縁では居間から出てきた主人が、土間で待ち受けている使丁に書状を手渡しています。異時同図法で、書状はおそらく妻の死を義父すなわち名主に知らせる訃報でありましょう。

前段、北白河の場面と比べてください。屋敷の大小はともかく、中央に女性が横臥し、周りを僧や家族が取り囲む光景は北白河とそっくりです。ただし決定的な違いがひとつあります。言うまでもありません。北白河は蘇《よみがえ》り、名主の娘は不幸な死を遂げたことであります。

長ながと続いた「融通念仏縁起絵巻」はこれで終わります。数奇な運命にもてあそばれた二人の女性を前後に取りあげ、念仏の霊験を多角的に捉えて一編のフィナーレといたしました。

正和本おくがき（原本）

詞書

融通念仏縁起絵巻は、良忍上人の名帳を下敷きとして作成した。名帳は良忍上人より厳賢、明応、観西、尊永と代々上人に受け継がれ、名帳の加入者は三千二百八十二人の多きに上った。みな速疾往生《そくしつおうじょう》を遂げ、来世の往生が約束された人たちばかりである。良忍上人が亡くなられて今に至るまで、この念仏に結縁された人たちは雲霞《うんか》のごとく数知れない。縁起絵巻に取りあげた先徳の行状や数かずの霊験を見て、この念仏に結縁し名帳に加入すれば一切の災難を祓い、来世には必ず往生を遂げること間違いがない、と了解されたことと思う。この縁起絵巻は一般家庭の人たちに念仏を勧め、信心を増進してもらいたいと願って作成した。正和三年（一三一四）十一月上旬これを記す。

詞書解き

融通念仏縁起は書写本、版本を問わず、いずれの絵巻にもおくがきを付けています。明徳版本には原本《げんぽん》のおくがき、良鎮《りょうちん》のおくがきと刊記、版本の刊行に協力した成阿のおくがき、巻末に珠運、正行坊の刊記を載せています。これは原本のおくがきです。融通念仏縁起の作者は誰だか分かりません。ただ物語の筋立てからみて原本より三十年ほど前、比叡山楞厳院《りょうごんいん》に住んでいた理円僧正が「良忍上人九代の法孫」と名のる白河の遊仙に書かせた「融通念仏勧進状」が下敷になっているのではないかという説が有力です。

良鎮おくがき

詞書

念仏三昧すなわち念仏をひたすら唱え心を澄ます一行《いちぎょう》は、他のいろいろな三昧行《さんまいぎょう》の中でも最もすぐれた行法であり、諸仏が証明された折紙つきの大善根である。「般舟三昧《はんじゅうさんまい》経《きょう》」には、三世の諸仏は念仏三昧によって悟りを成ぜられた。「観経」には念々に無始以来の重罪が除かれる。「大経」には阿弥陀仏の本願（誓い）を信じて念仏を唱えれば、他に比類なき広大な功徳が得られる。これ誠にありがたい行法だと説いている。

融通念仏は良忍上人の勧進と、毘沙門天の呼び掛けに応じてあらゆる神々がこの念仏に結縁し名帳に加入された稀有な法門である。この絵巻物をご覧になったあなた方は、老幼男女の別なく名帳に加入されたい。自他融通の大功徳にあずかること間違いがない。小さな雲のかたまりが大空に広がり、ひとしずくの水が大海に溶け込んでゆくようなものだ。

詞書解き

勧進聖良鎮のおくがきです。良鎮は永徳二年から応永三十年（一三八二―一四二三）まで通算して四十一年間、根津本、知恩院本、明徳版本、応永版本、清涼寺本等々、前後十本に及ぶ本縁起の勧進にたずさわり、融通念仏縁起の中興とたたえられています。資金集めは言うまでもなく、用度、編集、配本に至るまで一貫して手掛けられたに違いありません。

良鎮が依頼した詞書の染筆者には、本縁起の豪華本とされる「清涼寺本」の例で見ますと、後小松天皇、崇賢門院（後円融天皇の母上）はじめ親王、法親王、諸宗の僧綱二十名、二条師嗣、烏丸道孝ら公家四名、足利義持、細川道歓、山名時凞《ときひろ》ら南北朝時代の諸将数名。絵では後小松天皇の絵所預《えどころあずかり》に任ぜられていた六角寂済、藤原行秀、粟田口隆光など当代一流の絵師たちが麗筆を振るっています。

良鎮の刊記

詞書

愚僧このたび融通念仏縁起絵巻百本を開版し、菩薩道にあやかって日本国中六十余州へ、一本二本乃至多本を頒布した。その意趣は階層のいかんを問わず、融通念仏の教えを広め、多くの人びとに往生の喜びを分かちたい一心にほかならない。結縁者の名帳は私が預かり、大切に供養して大和国当麻《たいま》寺の瑠璃《るり》壇《だん》下に奉納、結縁者の幸せを願うこととした。余談ながら融通念仏を勧進する者は、私欲を起こし利養のなかだちとして布施を受けてはならない。

詞書解き

明徳版本の刊行に寄せた良鎮のおくがきです。良鎮はかねがねこの絵巻を諸国に頒布し（蝦夷《えぞ》、硫黄島《いおうがしま》までも）融通念仏を全国津々浦々に広めたいと念願していました。しかし書写本には限界があり、一本作製するにも時間と費用がかかり利用範囲も知れたもの、諸国はおろか特定の人しか閲覧することはできない。そこで思いついたのが版刻による絵巻物刊行であります。当時仏教界の版行といえば、経文は別としてお札《ふだ》やお守り、せいぜい断片的な摺《す》り物に限られていましたが、良鎮は仏師を励まし、試行錯誤のすえ全長三十メートルに及ぶ上下二巻の絵巻物版本化に成功したのです。それが明徳二年（一三九一）に刊行された明徳版本融通念仏縁起絵巻でありました。版本刊行は信仰上の成果であるばかりか印刷文化史上の金字塔であり、浮世絵や錦絵の先駆を成すものとして美術史的にも高く評価されています。

さておくがきには続いて名帳の当麻寺瑠璃壇込《ご》めについて述べています。当麻寺は奈良県葛城市二上山麓にあり、二上山に夕日の沈む情景が極楽浄土のイメージをかき立て、蓮《はす》糸曼荼羅で知られた中将姫伝説とあいまって、古くから浄土信仰の聖地とされてきました。良鎮はこの聖地に憧れ、それまで大原の如来蔵に納められていた名帳を当麻寺の曼荼羅堂瑠璃壇《まんだらどうるりだん》下へ奉納替えをいたしました。

瑠璃壇込めがいつごろまで続いたのか定かではありません。曼荼羅堂は室町中期と江戸時代、二度にわたって解体修理が行われていますので、たぶんその際名帳が処分され、瑠璃壇込めが終わったのではないかと思います。昭和三十二年文部省指令による改修工事で、瑠璃壇の床下から土にまみれた巻物の切れ端が発見されました。名帳の一部に違いないと話題になったことを覚えています。以上が版本刊行と瑠璃壇込めのいきさつであります。最後に良鎮の戒告が記されています。当時にも勧進という美名に隠れて私服をこやす不心得者がいたことを想像させます。良鎮の人柄を偲ばせる興味ぶかい一節です。

成阿の刊記

詞書

このたび融通念仏縁起絵巻を日本国中六十余州に広めたいとの良鎮上人の悲願に賛同し、明徳版本の出刊に協力させていただいた。この善願功力《くりき》をもって父母兄弟、六親眷属、一切の諸精霊に回向す。願はくは同得往生、平等利益ならしめたまえ。明徳元年庚午七月八日　今熊野　成阿

詞書解き

明徳版本の刊行に際し、全面的に協力した京都今熊野の連歌師成阿という人の刊記です。このおくがきは漢文で書かれています。刊行の功徳をひとり占めにせず、六親眷属、一切万霊に差し向け追善の手だてとしたい、と願っているのです。大阪市長寿寺《ちょうじゅじ》の応永版本には、継ぎ目やところどころに死者の戒名が刷り込まれています。これは成阿の追善を意図した願意の現れとみるべきでありましょう。

清涼寺の融通大念仏（付録）

詞書

清涼寺《せいりょうじ》の融通大念仏会《え》は、道御《どうぎょ》上人が聖徳太子の夢告げを受け、良忍上人の遺風を伝えて弘安二年（一二七九）より始められた。毎年三月六日から十五日まで、近在は言うにおよばず多くの参詣者で賑わっている。この法会はひとくちに言って鈍根《どんこん》の衆生を救済するために催されたものである。

およそ法性界《ほっしょうかい》（実在界）は平等無差別で仏、凡夫の隔《へだ》てがない。一切衆生に仏性があり、人びとは悟りの世界に安住している。ただ元初一念の無明《むみょう》（根本煩悩）によって仏性が侵《おか》され、仏凡の隔たりが生じ凡夫は迷界にさ迷うこととなる。

釈迦如来は法性界を出て迷界で開悟し、凡夫の機根（性格や能力）に応じてさまざまな教えを説き成仏への道を示された。

上根の人は教えを聞いてただちに開悟し人びとを導く。宿善のしからしむるところだ。

中根の人は修行の功を積み、曇った鏡を磨いていくようにだんだんと悟りの境地に近づく。

下根の人は鈍根無智《どんこんむち》のため自力《じりき》で悟れず、阿弥陀仏の本願を頼んで往生を果たし、悟後迷界に舞い戻って衆生教化に尽くす。阿弥陀仏の救いにあずかれば修行の段階を踏まず、一念の当下に往生し、たちまち悟りの妙境に至る。阿弥陀仏が智力、行力の限りを尽くして成就された法門で、聖者賢者といえどもうかがい知ることのできない妙道である。

衆生界を見わたせば、上根の人は麒麟《きりん》の角《つの》のように無きに等し

く、下根の輩《ともがら》はガンジス河の砂数ほど多い。仏の大悲はひとえに下根、鈍根無智の輩《やから》に注がれている。

阿弥陀経にはこれを釈迦出世の本懐と説き、先徳たちもこの道をたたえて仏法のかなめ、元暁大師は解脱《げだつ》の大道。源信僧都は生《しょう》死《じ》の海を渡る舟伐《ふないかだ》、清涼池にいたる輪船、五岳を一山に込め四海をさざ波に宿す妙法とたたえられた。

機根が衰え、末法《まっぽう》の世になるほどこの妙法の価値は高まるばかり。高原の水が谷底に流れ落ちるごとく、最高の教えは最下鈍根の衆生に注がれる。六波羅密経《ろくはらみつきょう》等に示された通りだ。

群疑論《ぐんぎろん》には仏道修行を厳しく戒め、鈍根無智の成仏を許さない。けれども観経には念仏の妙法は大乗中の大乗、五逆の罪人でもこれを救うと説いている。

以上、下根の往生についてるる述べてきたが、上根や諸聖の往生についても変わるところはない。

大経にはこの世界には六十七億の菩薩がましませど、弥勒《みろく》、観音、勢至をはじめ諸菩薩はこの世で教化を果たし、満行の後はみな念仏して浄土往生を遂げられた、とある。

文殊菩薩は三世の覚母《かくも》、普賢菩薩は諸仏の長子と仰がれている。ともに「願ハクバ我。命終ノ時ニ臨ンデ一切ノ諸障碍《ショショウゲ》ヲ除キ、マノアタリ弥陀ニマミヘ、スナワチ安楽国ニ往生セン」と誓われた。華厳《けごん》経の一節だが他の経にも同様の文言がうかがえる。

諸菩薩はみな過去に悟りを開いたいわば古仏である。仏々平等、悟りにあれこれはない。前述のごとく法性界は絶対清浄で何の穢れもなく、仏もなければ衆生もない。ただ真如は自性をまもらず、無明の妨《さまた》げに遭えば仏、凡の隔てを起こし、地獄から仏界まで無数の世界を顕現する。仏は衆生教化のため仏界を去り、菩薩はあえて仏になることを望まず、法王、法臣となって互いに助け合い仏道を成じている。悟りと迷いは本来不二。同時であって異時ではない。

釈迦如来の説法会には、あちこちから無数の諸仏諸菩薩がやって来て仏説を讃嘆し、衆生済度の方法をあれこれと協議されている。末代乱想のわれら凡夫だ。どうしてこの法縁にあやからないというほうがあろうか。

釈迦の十大弟子をはじめ仏、菩薩、馬鳴《めみょう》（アシュヴァゴーシャ）、龍樹《りゅうじゅ》（ナーガールシュナ）、天親《てんじん》（ヴァスバンドウ）ら諸論師たちもみな西方往生を勧め、自らも念仏を行じて往生された。

勤行《ごんぎょう》式のうち中夜（二十二時頃）に唱える礼讃偈《らいさんげ》は龍樹の「願生十二礼《らい》」、後夜《ごや》（二十四時頃）に唱える礼讃偈は天親の「願生偈」である。特に龍樹は「楞伽経《りょうがきょう》」に通じ、釈迦如来から極楽往生間違いなしと予言を受けた。彼は有無《うむ》への執着を論破し、中道《ちゅうどう》による大乗仏教を確立。予言通り極楽往生を果たされた。

中国日本、自宗他宗を問わず、諸宗の高僧はみな往生伝中の人である。彼らは等しく阿弥陀如来を讃仰し、難門をくぐって衆生教化につくされた。

彼《か》の善財童子は、文殊《もんじゅ》菩薩をはじめ五十三人の善智識（先生）を歴訪しさまざまな教えを学んだ。普賢菩薩のもとでは仏教の奥《おう》儀《ぎ》を授かり悟りの境地に達した。が最後弥勒《みろく》菩薩にまみえ浄土の法門を聴いたとき心機一転、それまで学んだ教えを惜しげもなく放擲《てき》し、熱心な念仏行者に生まれ変わったということである。

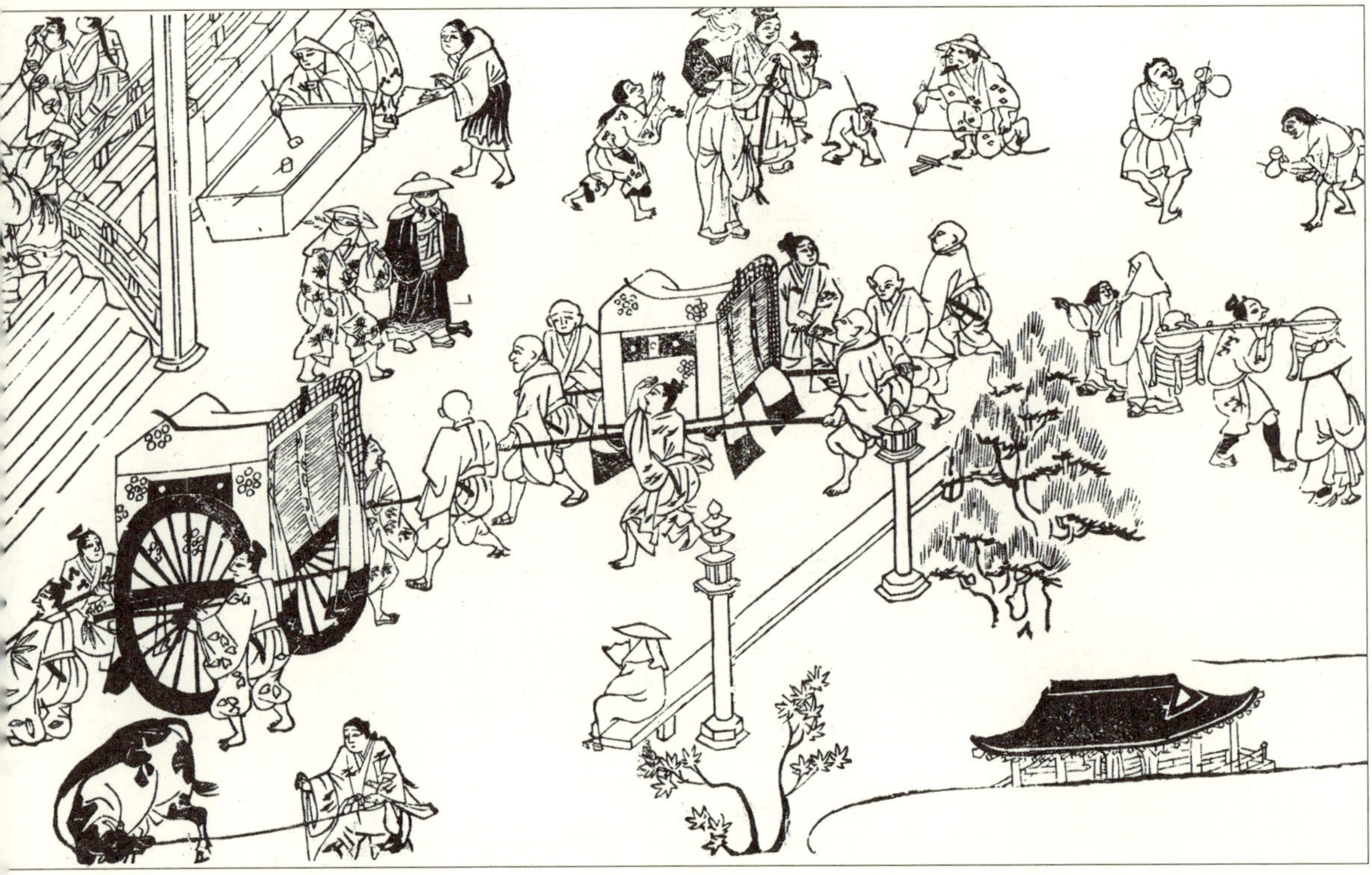

境内のにぎわい。猿回しや大道芸人の姿も見える

功徳雲比丘《びく》のいわく、仏道の中でたった一法を選ぶとすれば、それは念仏三昧の教えであると言われた。

「観仏三昧経」にも釈迦が父浄飯王《じょうぼんのう》（シュッドーダナ）から解《げ》脱《だつ》の道を尋ねられたとき、万行の中から念仏三昧の教えを推挙されたと説かれている。

そもそも清涼寺の本尊は、釈迦如来がまだご健在であった頃、西アジアの優填王《うてんのう》が彫刻家の毘首羯磨《びしゅかつま》（ビシュキャラマ）に命じて、釈迦の姿を赤栴檀《しゃくせんだん》の香木に刻ませたもの。三国伝来の生身《しょうしん》釈迦如来像である（国宝・胎内に布製の五臟六腑が納まる）。

道御上人はこの本尊前で釈迦如来出世の本懐を聞き、聖徳太子の夢告げによって融通念仏を勧進された。これが清涼寺における融通大念仏会の始まりである。まだの方はぜひお参りされたい。そして同行衆に先立って往生を遂げた者は、蓮台の半座を分けて待っていてほしい。

詞書解き

京都市嵯峨、清涼寺でこの頃、毎年行われていた融通大念仏会の紹介です。良鎮は清涼寺の末院、小倉山三宝寺の一代（住職）であったと伝えられていますので、本寺最大の年中行事を、自身が勧進した本縁起絵巻の付録として加えられたのでありましょう。ただし行事を紹介したあと、長ながと説文を述べています。

衆生の人柄には上中下の三根《さんこん》があり、上、中根は自力《じりき》、下根の者は自力で開悟ができず、他力（仏の救い）を頼み往生を果たすほかはない。いな上根の菩薩や論師でさえ最終的には浄土往生を

清涼寺の融通大念仏会

願って念仏を行じておられる。弥陀念仏こそ諸仏の称讃するところ、釈迦如来はこの念仏を説くためこの世に出現された。清涼寺の融通大念仏会は鎌倉時代、道御（円覚十万上人）が聖徳太子の夢告げを受け、良忍上人のみ跡を慕って始められたもの。まだの方はぜひ参詣されたい、というのが一文のあらましでありましょう。

長ながとした説文が続き、しかも難解であるため正直、読者を辟易《へきえき》させます。付録とはいえわが国の絵巻物中、教相をるる述べたこんな一段は他に見られません。江戸中期に作られた徳融寺本には明徳版本の模本ながらこの一段だけは割愛されています。おそらく他の模本にも同様の体裁をとっているものが少なくないと思います。けれどもほかならぬ不世出の勧進聖良鎮上人の説文であり、この後に続く本縁起中でも傑作のひとつとされる清涼寺融通大念仏会図の詞書でもありますので、ご辛抱承知でお付き合いいただきました。

絵解き

清涼寺の融通大念仏会です。本堂を吹き抜き屋台とし、三人の踊り手を中心として大勢の参詣者を描いています。

まず境内の賑わいをご覧ください。綱代輿《あじろごし》が一台、坊主あたまの与丁《よちょう》に担がれてやって来ました。与丁は腰刀を差しています。どこかの僧綱（高僧）でも乗っているのでしょうか。階段の前には公家《くげ》の廂車《ひさしぐるま》が長柄《ながえ》を下ろして止まっています。水干《すいかん》を着た牛飼童が、まだら牛をつなぎ公家の下参《げさん》を待っています。行器《ほかい》を担ぐ烏帽子の男、市女笠をかぶった壷装束《つぼしょうぞく》の女。参道の片隅では猿廻しや、瓢《ひょう》を叩いて踊っている大道芸人の姿も見えます。

堂内、特設舞台では黒衣を腰高に羽織り、胸につるした鉦鼓を賑やかに打ちながら二人の僧が踊っています。舞台のそでにはもうひとりの僧が、錫杖《しゃくじょう》を振りながら念仏や和讃を唱えています。舞台の二人はその歌ごえに合わせて踊っているのでしょう。

江戸時代以降、念仏や和讃はひとつの流れとなり、次第に芸能化して説経浄瑠璃や祭文《さいもん》語りに受け継がれていきました。盆踊りやでろれん祭文の音頭とりは、今でも法螺貝《ほらがい》を吹いたり、手錫《てしゃく》を振って拍子をとっています。

本堂内のようす。本尊の姿が見えない

本尊厨子の周辺には多くの参詣者がひしめいています。立烏帽子《えぼし》、折烏帽子、額《ぬか》烏帽子、覆面頭巾、袖頭巾《そでずきん》、布鉢巻《ぬのはちまき》などなど多彩な冠《かぶ》りものが目立ちます。私たちは一般に神仏に向《むか》えば低頭し、帽子を取って拝礼いたしますが、昔は素頭を「露頂《ろちょう》」といって、冠《かぶ》りものを着《つ》けなければ無礼とされていたのです。そういえば名主宅の別時念仏の段で、本尊を囲んで念仏を唱えていた参加者の中にも、尼頭巾や袖頭巾をかぶった女性が何人かいたことを思い出してください。

さて正面のお厨子に注意いたしましょう。三方開きの立派な宮殿《くうでん》で、四隅の円柱にはマンダラ風の螺鈿細工《らでんざいく》が施されています。花も上がり大きな香炉《こうろ》も据えられています。がなぜか本尊釈迦如来のお姿が見えません。秘仏かと思って宮殿をよく見ると、仏像のコーナーだけ切り取られているのです。明徳版本は言うまでもなく良鎮勧進の絵巻物でありますが、大念仏寺蔵明徳版本に限って良鎮でなく、良鎮とほぼ同時代、融通念仏を中興した法明上人の勧進本とし、それを擬装するため年号や刊記の一部を改竄《かいざん》し切紙を貼った跡があるのです。本尊の切り取りもそのとき行われたのではないでしょうか。

それにしても年号等の書き替えはさておき、肝心の釈迦如来像が切り取られたのはなぜか、不可解としか言いようがありません。本縁起随一のミステリーとして読者の見解を聞かせてもらえば幸いです。

ところで清涼寺の融通大念仏会を始めた道御とはどういう人物

か。寺伝によりますと鎌倉時代の僧で、京都法金剛院の中興とされています。少年時代母と離別し、仏門に入って修行を重ねていましたが、年がいくほど生母が慕わしく、法隆寺にこもって生母との再会を祈りました。すると夢中に聖徳太子が現れ、「釈迦の生身像を祀った清涼寺の本堂で、良忍上人の勧進にならって融通念仏会を催《もよお》せ。必ず生母に会える」との夢告げを受けました。道御はこの夢告げに励まされ、生母が歌舞音曲を好んだことを思い出して鉦大鼓ではやしたて、賑にぎしく念仏会を興行いたしました。道御はさらにこの念仏会を発展させ、女子供《おんなこども》にも仏の教えを理解させたいと願って面白おかしく無言劇を創作、「遊戯即仏法《ゆげそくぶっぽう》」を実践いたしました。これが清涼寺《せいりょうじ》や壬生寺《みぶでら》で今も行われている「大念仏狂言」の始まりであります。

道御の大念仏会はますます繁盛し、参詣者が十万人に達したので「十万上人」と呼ばれました。参詣者の中に太子の夢告げ通り生母がいたかどうか。晩年、播州（兵庫県）印南野《いなみの》で再会したという説もありますがはっきりしたことは分かりません。ただ室町時代、世阿弥元清がこの話に興味を抱き「嵯峨物狂い」の古作を作り変え謡曲「百万」を完成。この中で二人を再会させました。

能楽では清涼寺の大念仏会に一人の狂女が登場し、笹の枝を振りながら愛児の行方《ゆくえ》を尋ね回り、乱心した苦労ばなしを曲舞《くせま》いで演じます。狂女の所作を目《ま》の当たりにした道御は念仏を思わず「ハハミタァ」と唱え、二人は再会の喜びに浸りました。

清涼寺の融通大念仏会は古来三月六日から十五日まで、十日間にわたって厳修されたと伝えています。春には花の精が落花を惜しみ、季節を怨んで疫病をはやらせると信じられてきました。神社ではこの花精をなぐさめるため鎮花祭《ちんかさい》を行っています。

清涼寺では現在、花しずめの儀式と習合して毎年四月第一日曜日と第二土、日曜日、境内特設舞台で大念仏狂言を催しています。三月六日から始まった古来の融通念仏会は現在中止となっております。ただし満願にあたる十五日には夜分、お松明《たいまつ》が上がります。

珠運、正行坊の刊記

詞書

清涼寺融通大念仏会《え》の一段は、良鎮上人の発願によって、融通念仏縁起の巻末に付加されたもの。私たちは彼の発願に賛同して開版に協力した。願わくばこの功徳が父母、六親眷属に及び、われらと衆生とみな共に、同じく往生が叶えられますように。

明徳二年辛未初夏二十七日。

権律師珠運（在判）

山門西塔住侶正行坊

詞書解き

清涼寺融通大念仏会の一段は、良鎮が勧進した本縁起絵巻の大原本（三千院蔵）以降、各本に付録として加えられています。これは先の今熊野成阿と同様、明徳版本の刊行に奉加した珠運と正行坊の刊記です。「清涼寺大念仏会」の一段は、縁起絵巻と切り離し別巻として出された時期もあったようで、京都花園の法金剛院には江戸時代の別巻絵巻が伝えられています。

〈参考資料〉

良忍上人は尾州富田の人、晩に融通念仏を勧むいかやうなる唱そや、予曰前に或僧に聞し融通念仏とは廻我所唱融会衆人唱又通于我云々、今十念を採受する是融通念仏なり、然れは源空以来浄土宗の唱ふる所も元良忍勧めし所を受て也、鉦を撃和するは空也以来也、今歳夏信州善光寺の仏像我府下に来り朝夕勤行する融通念仏全く是かけ念仏にして十念授受なり。念仏に和する物は木松尾の社鰐口なり、明神半を割空也に与へ給ひしより以来松尾の鰐口は半面なりといふ、是無稽の事なり鉦は是楽器にして半面なり、もとは両面ある鰐口は形に付て俗称のみ僧家亦打て念仏に和す。今のことさは形も昔にかはり大に鋳て鉦とも見えす、万つ末に至りて本を失ふ事のみ多かる。

（塩尻　巻之六　「日本随筆大成第三期第九巻」日本随筆大成刊行会）

大原良仁聖人ハ権者也。白川(河)院女房尾張局尾張守高階ノ為遠女也壮年ノ比。為レ読二止観一。常歩行ニテ相二具小女一人一入二大原一。或比女先参二向来迎院一。上人被レ読二例比一之間。暫居二閑所一。心中思様。深雖レ有二学問之志一。女身頻入レ寺夜宿。奉二為上人一定悪名出来歟。還可レ為二罪業一。今者不レ可二参詣一ト思慮之間。例比畢。上人来云。只今心中ニ有二令レ思給事一。学問退心更不レ可レ有之儀也云々。件女房遂出家住二大原一。為二来迎院之大檀越一云々。

（古事談　第三　「宇治拾遺物語・古事談・十訓抄」（新訂増補国史大系第十八巻）吉川弘文館）

良忍上人者。延暦寺東塔常行堂衆也。往年之比。一千日間。詣無動寺。不着麁履之類。如忘名聞之思。傍輩同法。以為奇特。是祈菩提心也。其願成就。永絶交衆。構小庵止住大原。十二時修三昧行。年来不懈惓。兼披閲一切経論。造立堂舎仏像。多年練行。齢首難記尽矣。沈痾之間。遷化之後。往生極楽。瑞祥炳焉也。暗夜観仏相好。光明眼前。又入棺之時。其軽如鴻毛。大原律師覚厳夢。上人来告云。我過本意。在上品上生。是融通念仏之力也。天承二年二月。

（三外往生記　「往生伝法華験記」（日本思想体系7）岩波書店）

良忍。尾州人。一日異人来謁曰。師盍レ唱二融通念仏一乎。忍曰。何謂。対曰。廻二我所一レ唱。融二会衆人一。衆人之唱。又通二于我一。是融通念仏也。其功踰二独称一。何以故。衆生無辺故。師願以二此事一勧二誘四海一。我又広倡二天神地祇一耳。忍曰。公誰乎。対曰。鞍馬寺毘沙門天也。語已不レ見。忍自レ此常唱二融通念仏一。又作レ疏博勧二四衆一。亡年六十一。忍所レ持弥陀経。時々放レ光。其徒収レ之置二蔵中一。

賛曰。融通之説。神語至精。以レ此推レ之。不二惟念仏一事一。凡諸波羅蜜。皆可二融通一也。

（扶桑寄帰往生伝　巻上　「浄土宗全書 続十七」山喜房仏書林）

詞書原文

上巻

夫、釈尊一代の蔵教をかむかふるに、三乗十二分教、大小権実の宗旨等、其をもむきまち〳〵なりといへとも、はるかに如来出世の本懐をたつぬれは、ひとへに三界迷倒の群類をして、こと〳〵く十地等覚の妙果にいたらしめむためなれは、教に大小をたて、宗に頓漸をわかちて、その優劣を論すへきにあらねとも、一代の説教みな対機の説なるかゆへに、衆生の根機にしたかひて、大小の宗乗おの〳〵其得益はあるへきなり。一宗をもちてあまねく一切の含霊にかよはしもちひるへきことはかたかるへし。たゝ称名念仏の行のみありて、根の大小をえらはす機の利鈍によらす、ひとしく行してひとしく速疾往生の良因を得へきなり。たとひ断惑証理せされとも、弥陀超世の悲願により、他力称名の行業にこたへて、不退常楽の地にいたるへきよし、如来金口の説おほく八万聖教の中に見えたり。たれかこれをうたかはん。しかれは支那震旦のさかひ、日域扶桑の国まて、古往近来道俗男女、あまねく信しさかりにひろまれること、自余の教法にこえたるをや。

爰、中比大原良忍上人といふ人ありけり。もとは叡山の住侶、顕密無双の碩徳なり。しかりといへとも、無上菩提のこゝろさしふかきによりて、無動寺へ千日まうてゝ一心に菩提をいのり、つねは隠遁のおもひたえすして、生年廿三にして、つゐに三千の交衆を辞して、大原の別所に籠居して、四十六のとしにいたるまて、厭欣の信心ふかく、往生極楽のゝそみ猛利にして、日夜十二時のあひたひまなく勤行し給けり。

上人生年四十六にいたる夏日中に、仏方便にやありけむ、しはらくの程睡眠し給に、阿弥陀如来色相を現し、示誨しての給はく、汝か行不可思議也。一閻浮のうち、日域の間に一人ありとす。是誠に無雙なるへし。しかれとも、汝順次の往生かたき事也。其故は、我土は一向清浄のさかひ、大乗善根の国也。小善根福徳の因縁をもちては、彼仏土に生しかたし。汝か行業のことときにては、縦多生広劫をふとも、順次往生の業因に備かたし。速疾往生の勝因をおしへむとおもふ。いはゆる円融念仏是なり。融通念仏は一人の行をもて衆人の行とし、衆人の行をもて一人の行とするか故に、功徳も広大也、往生も順次なるへし。一人往生をとけは、衆人も往生をとけむことうたかひあるへからすと云々。阿弥陀如来の示現かくのことし。くわしく注するにいとまあらす。

今この阿弥陀如来の告に驚て、年来自力観念の功をすてゝ、偏に融通念仏勧進の志をこり、他力称名の行者となり給て、天治元年甲辰六月九日より始て、聚洛にましはり、上一人より下万民にいたるまて、道俗男女、貴賤老少あひあふにしたかひて、あまねくこれをすゝめ、其性名を記録して、如来蔵におさむ。彼一々の名字ことなかけれは、本帳にゆつりて是をとゝむるところ也。

此念仏勧進の間、早旦に青衣を着せる壮年の僧、忽然として上人の大原の庵室に化来して、念仏の帳に入へきよし自称す。名帳をひらき、筆をくたして忽にかくれぬ。上人、不思議の思をなして、名帳を開たまふに、まさしく此文あり。其詞云、奉請念仏百反、仏法護者鞍馬寺の毘沙門天王、念仏結縁衆を守護せむかために来れりと云々。此天王は、五百十二人の次に入給へり。大国の事は暫をく、我朝に取ては希代不思議の事なるもの也。

天治二年乙巳四月四日、鞍馬寺へ上人参詣して通夜念仏し給しに、寅刻はかりに、天王幻化のことくして、上人に告ての給はく、我さきに念仏百遍うけたてまつりぬ。我汝をまもる事、影の形にしたかふかことし。又おなしく正法をまもる一切の冥衆等、面々に百反つゝを請て、融通念仏の結縁に入たてまつる名帳、これをたてまつる。本帳に加へたまふへしとて、上人の前にさしをき給へり。心神夢のさむるかことくして、見れは眼前に一巻の書あり。ひらきてこれを拝するに、かくのことくの文あり。

天治二年四月四日、大原上人鞍馬寺通夜之時、本尊多門（ママ）天王勧一切冥衆、奉入融通念佛帳。其名帳現在上人傍。其文云、

梵天王部類諸天　百遍　　帝釈天王部類諸天　百遍
持国天王部類諸天　百遍　　増長天王部類諸天　百遍
広目天王部類諸天　百遍　　吉祥天女部類諸天　百遍
弁才天部類諸天　百遍　　地天部類諸天　百遍
水天部類諸天　百遍　　火天部類諸天　百遍
風天部類諸天　百遍　　迦楼羅天部類諸天　百遍
閻魔天部類諸天　百遍　　氷迦羅天部類諸天　百遍
三部子　百遍　　摩利支天女部類諸天　百遍
妙見菩薩部類諸天　百遍
龍樹菩薩等諸弘経大士　百反　　訶利帝母部類眷属　百反
大黒天神部類眷属　百反　　執蛇大王部類眷属　百反
北斗七星等部類眷属　百反　　日天子等部類眷属　百反
月天子等部類眷属　百反　　明星天子部類眷属　百反
愛染王部類眷属　百反　　尊星王部類眷属　百反

持世天等部類眷属　百反　　摩醯首羅天等部類眷属　百反
九曜等部類眷属　百反　　二十八宿等部類眷属　百反
十二神将等八万四千鬼類　百反　　沙竭羅龍王等諸龍衆　百反
善女龍王等諸龍衆百反　　秦広王部類眷属　百反
初江王部類眷属　百反　　宗帝王（ママ）部類眷属　百反
五官王部類眷属　百反　　閻羅王部類眷属　百反
変成王部類眷属　百反　　太山王部類眷属　百反
平等王部類眷属　百反　　都市王部類眷属　百反
五道転輪王部類眷属　百反　　府君司命部類眷属　百反
司禄部類眷属　百反　　賀茂下部類眷属　百反
賀茂上部類眷属　百反　　伊勢内宮部類眷属　百反
伊勢外宮部類眷属　百反　　宇佐八幡部類眷属　百反
日吉七社部類眷属　百反　　春日四所部類眷属　百反
祇園部類眷属　百反　　熊野新宮部類眷属　百反
熊野本宮部類眷属　百反　　那智飛瀧部類眷属　百反
金峯山蔵王部類眷属　百反　　鹿嶋部類眷属　百反
香取部類眷属　百反　　大社部類眷属　百反
熱田八劔部類眷属　百反　　北野天神部類眷属　百反
伊豆走湯部類眷属　百反　　白山部類眷属　百反
稲荷三所部類眷属　百反　　富士浅間部類眷属　百反
三嶋部類眷属　百反　　広田南宮各部類眷属　百反
阪波南宮部類眷属　百反　　安房須瀧口部類眷属　百反
多度部類眷属　百反　　住吉四所部類眷属　百反
筥崎部類眷属　百反　　大原野部類眷属　百反
大多牟知部類眷属　百反　　気比部類眷属　百反
朝気上下部類眷属　百反　　伊都伎嶋部類眷属　百反
伊吹部類眷属　百反　　兵主部類眷属　百反
三尾部類眷属　百反
小一領等六十余州大小一切神祇冥道各　百反
欲界所有一切天衆各　百反　　色界所

有一切天衆各　百反
无色界所有一切天衆各　百反
摠三千大千世界乃至十方微塵数所有一切諸天神祇各　百反
摠微塵数億百万遍 巳上毘沙門天勧進文

北野天神融通念仏行者示現文
天神本地身　十一面薩唾　為度衆生故　示現天神体
我本師弥陀　為報恩頂戴　毎日称名号　満一百八遍
以是念仏功　悉授与於汝　汝行三千遍　亦授与於我
融通功徳力　甚深亦甚深　如是修行省　決定生極楽
此板本在山門楞厳院安楽谷

諸天冥衆の名帳かくのことし。例せは、むかし釈迦如来天竺にして、弥陀名号の不可思議の功徳を説給し時、六方恒沙の諸仏、舌を三千におほひて、滅後造罪の凡夫、念仏して往生すと説給へる、誠実の言也と証誠し給しか如く、いま又末法にいたりて、小国辺土なりといへとも、日本我朝にして、良忍上人他力念仏を勧進し給し時、三界所有の天王天衆、悉此念仏を讃嘆称揚して、面々に結縁に入給事、彼恒沙の諸仏の称嘆にことならす。かれは本地極位の如来、是は垂跡和光の応用也。本跡ことなりといへとも、衆生勧化の心さしおなしきものなり。

上件の天衆達の念仏衆に入御坐事、すてにきこえおはりぬ。但其御意趣を尋れは、釈梵護世諸天等御集会ありての給く、実に三世の諸仏は念弥陀三昧によりて正覚をなり給たりと、般舟三昧経には説たり。しかれは当時世間に放光してきこゆる融通念仏は、阿弥陀如来良忍上人の前に来現して授給たる速疾往生の他力の法なり。利益も広大に、功徳も莫太也。善人も悪人もひとしく生れ、大聖も小聖も浅深をいはす、願力に乗しぬれは行事さまたけなし。いさや我等も此大善にくみして、五衰退没の苦をはなれ、共に安養無漏の報土にいたりて、同く正覚をならむと云々。

爰、仏法護持の多門天王、勧進の聖として、三千大千世界乃至微塵所有の一切諸天神祇、悉結縁に入給へり。仍、天治二年乙巳卯月五日より、諸天善神の入ましまます融通億百万反をはしめしより以来、尽未来際まて退転あらしと、皆一同に誓約ありけりと云々。かくのことくらの神通自在のやむことなき上界以下の冥衆すら、猶、弥陀の名号をふかく信し御坐て、衆に烈(ママ)り念仏し給。何況、薄地底下の迷者凡夫、此念仏にくみして往生をとけさらんや。此故に、この念仏衆に入ぬれは、諸天とおなしく一結の念仏衆につらなり給へし。諸天も念仏衆なり。我等も念仏衆也。又諸天の申給ふ念仏、しかしなから通して我等か往生の行となる。我等か申念仏、又通して諸天諸人の出離の行となる。しからは此念仏衆につらなりぬるものは、毎日億百万遍の行者也。かくのことくの他力行を互にかよはして自他同しく往生するを、自力三業をはなれたる願行具足の他力融通念仏とは申也。此等の先蹤をもておもふに、日本に生をうけたらむ人は、必弥陀に帰し名号を唱へし。流を汲て源を尋れは、我朝は是神国也。又是念仏有縁の国也。一度も法味をたてまつれは、神明納受をたれ給。此故に、上天下界の諸天、各こそりて一同に弥陀の名号を撰て、称美讃嘆し給へる事、諸教の中におきて類すくなき事也。是則、日本に弥陀教のひろまるへき先標にあらすや。

是をもて一切の神慮に相叶はむと思はむ人は、諸の社壇へ参ても、先本意とおほしめす念仏を法楽し奉れは、五衰の霞はれ、三熱のほのをしめり、本覚真如の城にあそひ給へし。か様に心えて一切の所望を祈念せは、現当二世の所求、速疾に成就すへし。若人ありて、神国に生なから諸神の信し御坐念仏を、或軽賤し、或誹謗せん輩は、恐くは冥衆の加護なきかゆへに、今生には一切災難きたり、後生には悪趣の苦果のかれかたき物をや。しかれとも、謗法闡提廻心皆往のいはれ有ゆへに、信謗共に一仏浄土の縁となるへしと云々。故に、冥衆結縁の奇特、信心ます／＼猛利にして、勧進弥おこたりなし。又、人倫の心ある与善結縁は実に然へし。慮なき鳥畜の類にいたるまて、此善願にくみするよし見えたり。是又不思議の事なるへし。

長承元年壬子二月一日、上人春秋六十にして入滅、さきたちて七日死期をしる。臨終にのそみて霊瑞あり。異香草庵にみち、紫雲苔砌にそひけり。青嵐の嶺にひゝくこゑはるかに、簫笛琴箜篌の曲にまかひ、瀧水の石にむせふをと、をのつから琵琶鐃銅鈸のしらへに和す。往生の儀式、言語のをよふところにあらす。又入棺の時、其身の軽事鴻毛のことしといへり。

大原の覚厳律師の夢に、上人来てつけての給はく、我すてに本意のことく上品上生の花台にあり。これ偏に融通念仏の力なりと云々。

下巻

光明遍照　十方世界　念仏衆生　摂取不捨

一万三千仏　十丈金色像　十度造供養　一念弥陀勝

鳥羽院、この念仏百遍をうけましまして、猶かさねて数反を千反にまし、長日おこたりなく御勤ありけるうゑ、諸僧綱に仰て、盛にこの念仏衆にいれしめ給けり。

広隆寺女院、この念仏を受させましまして、法金剛院にて百ヶ日のあいた御念仏。則六口の禅侶におほせて、尽未来際の御くわんとして、日夜ふたんの御念仏をはしめおかれけり。

和泉前司道経か女子、上人のもとにゆきて、当日に尼になり、袈裟衣をそめて、比丘尼のかたちになり、みつから法名を如々とつきて、この念仏をうけ、臨終にのそみて、面を西方にむかへて、たなこゝろをあはせて往生をとけにけり。

城南寺の供僧心源か父母、現世のいのりのために、この念仏三千遍をうけて、父母往生すと夢に見をはりぬ。

あを木の尼公、この念仏衆に入てすなはち往生をとけにけり。

木寺の源覚僧都の牛飼童の妻女、難産によりて死すへかりしか、この念仏衆に入て命をのひにけり。これをきゝて念仏に入もの二百七十二人なり。

北白河の下僧か妻、この念仏三千遍をうけたるによりて、焔魔の庁よりかへされにけり。又、父母師長妻子朋友の菩提をとふらはむとおもはむ人は、おなしく亡者の名字を此帳にのせて、其かはりに念仏を申給へし。自修の善根に同しくして、広大の功徳をえ、地獄の中に蓮花生し、人中天上にむまれ、極楽に往生すと見えたり。抑勧進行者の功徳は、経には三世諸仏の浄業の正因なりととき、釈には諸仏の本願の聖意にかなへりといへり。龍舒浄土文には、二人勧進すれは自身の精進におなし、十余人にいたれは福徳無量なり、百千をすゝむれはまことの菩薩なり、万数にすきぬれは即是阿弥陀如来なりといへり。大唐代州房翥といへるものは、命終して炎魔の庁にいたるに、これは一人の老人をすゝめて念仏往生せしめたる人なり。必浄土に生すへしとて、冥途よりかへされにけるとこそみえ侍れ。

去正嘉のころ、疫癘おこりて人おほく病死にけり。其時、武蔵国与野郷に、一人の名主ありけり。年来念仏信心の人にて、世間の疫癘をのかれんかために、家内の老少をすゝめて、明日より別時念仏をはしむへきにて、番帳をかきて道場にをきけり。其夜の夢に、異形の者とも其数むらかりて行けるか、此家の門の中へいらんとしけるを、主出迎ていはく、是は家内の男女心を一にして別時念仏を始へきにて、結番してすてに彼番帳を仏前にをきたり。乱入する事なかれといふ。爰、疫神のいはく、汝かいふことまことにしかり、然は番帳を披見すへしといふ。主すなはち是をみするに、疫神随喜せる気色にて、結衆の名字の下ことに判形を加てけり。いはく、我一人の息女あり。他所に有といへとも、彼名字を書て此念仏にいれんと思。疫神是をゆるさすとみて夢さめぬ。其夜あけて番帳をみれは、実に名字の下ことに判形あり。いろはの文字を書損せるかことし。其色焼絵をしたるににたり。夢にたかはす、家内の老少いさゝかもつゝかなきに、かの他所にある息女は此病にて終にけり。此事其聞ありて、彼番帳をは将軍家へめされてけり。是併、祇薗部類眷属等も皆融通念仏の結衆にて御座は、彼異類異形と申も別の物にあらす。皆祇薗部類眷属共なれは、もとより此念仏衆に入たる疫神也。真実に深志をいたして、道場を荘厳して番帳をゝり、明日より別時念仏を始へき信心の誠色にあらはれけれは、行疫神も番帳に判形を加え、随喜して過にけり。

正和本おくがき

右、本願良忍上人融通念仏根本の帳に任て注するところなり。此本帳は良忍上人、厳賢上人に伝しよりこのかた、明応上人、観西上人、尊永上人、次第に相承せり。凡、本帳にいる人数三千二百八十二人なり。みな速疾に往生すと見えたり。上人滅後の今にいたるまて、随喜結縁のともから雲霞のことくにあつまれり。此等の奇特先蹤を伝聞給はむ道俗、彼念仏をうけ、名帳に入給はゝ、今生には一切の災難をはらひ、後生には必往生をとけ給はむ事、見証右にのするかことし。一念も疑あるへからす。是を画図にあらはす志は、在家の男女に念仏往生の信心を増進せしめむかためなり。仍、正和第三暦仲冬上旬候、記之。

良鎮おくがき

勧進の沙門良鎮申、念仏三昧の一行は、三昧の中の王三昧、諸仏証明の大善也。般舟三昧経には、三世諸仏念弥陀三昧成正覚とゝき、観無量寿経には、念々の中にをいて八十億劫の生死の重罪を除却す、無量寿経には、乃至一念為得大利即是具足無上功徳との給へり。爰良忍上人の融通念仏は、三界所有の諸天冥衆、尽扶桑国の諸大明神、大悲多聞天の勧進帳に入給へり、貴賤上下、道俗男女、各同帳に入給はゝ、自他融通の大善と成へし。たとへは小雲の大虚に周遍し、滴水の巨海に混融するかことし。

良鎮の刊記

愚僧この融通念仏の絵百余本すゝめ侍る意趣は、菩提薩埵利物為懐の聖言に順して、六十余州に一本二本或多本、この絵をつかはして、あまねく貴賤上下をすゝめたてまつり、名帳をたまはりて供養をとけ、当麻寺の瑠璃壇に奉納せしめて、決定往生の因にそなへんかために開板せしむるものなり。此念仏を在々所々にてすゝめ給はむ人々、有所得の心に住し、利養のなかたちとして、檀越の布施を受用する事かたく斟酌あるへきものなり。

成阿の刊記

右此融通念仏勧進之絵、六十余州悉随所望被賦伝之、令勧進給之云々。此願尤随喜之間、奉合力令開板者也。願以此善願功力、普及父母六親眷属、同得往生、無辺群生平等利益矣。明徳元年庚午七月八日

今熊野　成阿

清涼寺の融通大念仏

清涼寺の融通大念仏は、道御上人上宮太子の御告により、良忍上人の遺風を伝て、弘安二年に始行し給しより以来、とし久しく退転なし。毎年三月六日よりおなしき十五日にいたるまて、洛中辺土の道俗男女、雲のことくにのそみ、星のことくにつらなりて群集す。是ひとへに鈍根無智の衆生を済度せしめむかためなり。夫法性平等なれは、凡聖へたてなく人々具足し、箇々円成して、寂用湛然なりといへとも、元初一念の無明ひとたひおこりしより以来、本有不生の真智を亡して、本覚の都をへたて丶生死の幻野に塵劫を送れり。爰大覚世尊、無勝荘厳の霞をわけ、堪忍世界の塵にましはり、正覚をとりて帰本の跡を示給に、衆生の機性まち〳〵なれは、随宜の演説八万の門をひらきましまします。半満頓漸門々ことなりといへとも、皆一心の本源をさとりて、生死を解脱するものなり。其中に頓機なる人は、言下にむねを得て、心に能所なく、無所住の大解脱に住して、大千沙界自己の胸襟なれは、頭々物々無窮の大用をほとこす。是は宿薫深厚の大機也。漸機の人は修行の功を積て、漸々に増進す。くもれる鏡に磨瑩を加て、明相次第に現するかことし。頓漸の機にもれたる鈍根無智の下機は、弥陀慈尊善巧不思議の願力に乗して、三念五念仏来迎の化儀にあつかり、泥洹無為の土に生して即得不退証無生、百千三昧自然成の巨益を得て、還来穢国度人天の化道を施さむ。心地をふますして霊台にのほり、工夫をからすして覚蔵を開く要術也。仏の不思議智より建立し給へる頓教なれは、三賢十聖もはかるへからす。利智精進の人は麟角のことく、鈍根無智の衆生は恒沙のことし。慈悲はくたれるを以て本とす。阿弥陀経に出世の本懐と説給是なり。人師此経を讃して、八万法蔵妙肝心、一代聖教之結経、出離生死最要門云々。元暁大師は出世の大意と判し、楞厳の先徳は、生死の海をわたる舟筏、清涼の池にいたる輪轀なり。五岳を一簣の山に籠、四海を寸波の水に宗すと尺せらる。機至て下れは法いよ〳〵たかし。所謂高原の水は深谷にくたる能あり。最頂の教は極悪の機を摂するちからあり。六波羅密経等のことし。群疑論に云、九部の不了義経には決定業を説て逆罪の出離をゆるさす。観経は了義の大乗、頓か中の頓経、五逆の罪人を度せり。上来所説のことく、極悪最下の機を本とすといへとも、又おなしき経に於第一義心不驚動の機を摂す。無量寿経には、此世界中において六十七億の不退の諸菩薩あり。弥勒のことし。皆当往生すへし。十方仏刹中の菩薩比丘衆、劫を窮てもかそふへからす。みなまさにかしこに生する事を得へし。観音勢至もこの界にして菩薩の行を修し、命終転化して彼国に生し給へりと云々。文殊は三世の覚母、普賢は諸仏の長子なり。ともに願我臨欲命終時、尽除一切諸障碍、面見彼仏阿弥陀、即得往生安楽国と願し給へり。華厳経等諸経の説炳焉なり。これらの諸大聖は過去に正覚をとり給へる古仏にてましませは、仏と仏と等しく証して二物なかるへし。実際の理地には一塵をもうけす、上諸仏の念すへきもなく、下衆生の度すへきもなしといへとも、真如自性をまもらす。随縁利物の前には十界の依正歴然として無量の階級あり。衆生済度のために、果満の華台を辞して、因分の月輪に住し給ふ時は、還て妙覚果満の如来を供養し、法王法臣能化所化となりて、たかひに化道をたすけ給ものなり。因果不二違同常別、同時にして異時にあらす。釈尊説法の会場にも、十方無量の諸仏菩薩来臨影現して、仏説を証明讃嘆して、仏と仏と化議をたすけ給へり。濁世末代乱想の凡夫、何そ仏の大悲願力を仰かさらんや。在世の正機より滅後附法蔵伝の諸聖、馬鳴龍樹天親等も西方の行をす丶め、みつからも行し給へり。所謂中夜の礼讃は龍樹尊者願往生十二礼の文是なり。後夜の礼讃は婆数槃頭尊者願生の論也。就中龍樹菩薩は楞伽経に安養往生の未来記莂にあつかり給へり。其文云、如来滅度後未来当有人名龍樹菩薩、能破有無見、為人説我乗、大乗無上法、証得歓喜地、往生安楽国云々。如来の記莂、尊者の願生相応せり。漢家本朝、教内教外、諸宗の高祖高僧等、往生伝に記する所勝計すへからす。是皆弥陀覚王の大善知識に謁して、頓に仏祖の機開を豁徹し、法性の円珠に光耀をそへて、入重玄門の化儀をほとこさむとなり。彼善財童子は五十三の知識に偏参す。文殊に参して言下に阿僧祇の法門を成就し、無量の大智光明を具足して、普賢の門に入、弥勒に参して弾指の頃に、頓に前来の諸善知識の所得の法門を亡すといへり。功徳雲比丘に参せしに、比丘の云、世尊智恵海の中において、たゝ一法をしれり。いはく念仏三昧門也と云々。観仏三昧経に、仏の父浄飯大王出離の要法を尋申されしに、万行の中をえらひて念仏三昧をすゝめ給き。抑、清涼寺の本尊は釈尊在世の時、于塡王の発願にて、毘首羯磨天都率天より化来して、赤栴檀をきさむて尊容を模したてまつる生身の釈迦如来にてまします。彼霊場にて出世本懐の念仏を勧進すへきよし、上宮太子の示し給へる融通大念仏なれは、一度も参詣結縁の道俗の中に、先立て往生の素懐をとくる人あらは、各留半座乗花葉、待我閻浮同行人の益あるへきものをや。

珠運、正行坊の刊記

右此大念仏の絵は、良鎮上人の発願にて勧進せしめむと云々。彼意趣を随喜したてまつりて開板せしむるものなり。願は此善根の功力をもて、普く父母六親眷属乃至無辺の群類、おなしく安養の浄刹に往生せむ。敬白。明徳二年辛未初夏二十七日権律師珠運（花押）山門西塔住侶正行坊

上卿民部卿　安永二年十月六日　宣旨
良忍上人　宣謚號　聖應大師
蔵人右少辨藤原頼凞　奉

一七七三年　後桃園天皇より大師号が謚《おく》られた

あとがき

融通念仏縁起は鎌倉中期に成立し、以後各時代にわたって書写出版が重ねられ、書写本、模本、版本合わせて三十種が現存しています。明治三十年嵯峨清涼寺の応永本が国宝に指定されて以来、この絵巻物に関する解説や論考が数多く発表されました。絵巻物全集にも取り上げられ、豪華本もいくつか出版されています。ただ、絵巻物自体に諸本あり、特色も多いせいでしょうか、いずれの解説や出版物を見ても諸本の比較検討、ないしは美術史的論考に重点が置かれ、どちらかといえば学術書的傾向が強く、宗教絵巻としての本来性があとまわしにされているような気がしてならないのです。

言うまでもなく本縁起は開祖良忍上人の行跡とかずかずの霊験譚をつづり、この念仏への結縁を呼び掛けた宗教絵巻に違いなく、この面目をおろそかにして閲覧の意味がありません。

幸い月刊大和路「ならら」誌にご縁をいただき、平成二十年から二年間、原点に立ち返って私なりの絵解きを掲載させていただきました。本書はそのまとめに多少修正を加え補筆したものです。出版にあたり元禄版本や両祖師絵史伝等の関係図絵も紹介し、巻末には連載時に割愛した詞書の原文も付加いたしました。鎌倉末期に成立しわが国初とされる版本絵巻の宗教性を味わい、ひとりでも多くこの念仏に結縁いただければこれに過ぎる喜びはありません。

連載にあたり何かとお力添えを頂きました「ならら」誌の鈴木元子氏、詞書原文の読みくだしにご協力いただきました昭和女子大学の阿部美香氏、写真の勝野一氏、本にまとめてはと再三お勧めいただいた作家の佐江衆一氏、奈良新聞社の武智功氏、図版の割り付け等なにかとご苦労いただいた出版課の増山和樹氏ら、皆様のご協力に感謝し、厚くお礼申し上げます。

平成三十年三月

阿波谷　俊宏

■著者紹介

阿波谷　俊宏（あわたに・しゅんこう）

融通念仏宗 徳融寺老院

おとなの寺子屋主宰

1935年6月 奈良市生まれ

『日本の仏像』（三学出版、共著）

絵解《えと》き 融通念仏縁起《ゆうづうねんぶつえんぎ》

2018年4月20日　第1版第1刷発行

著　者　阿波谷　俊宏

発行者　甘利　治夫

発行所　株式会社 奈良新聞社

〒630－8686　奈良市法華寺町2番地4

TEL　0742（32）2117

FAX　0742（32）2773

振替　00930－0－51735

印刷所　奈良新聞印刷株式会社

ISBN978-4-88856-150-1